気配り王になる！

一目おかれる人の秘密の法則

知的生活追跡班［編］

青春出版社

相手の心を溶かす〝ひとつ上のやり方〟教えます！

「あの人は、気配《きくば》りできる人だね」というように、「気配り」はほめ言葉としてよく使われる。気配りできる人は、一様に人気者で周囲の評価も高いものだ。

では、気配り名人とはどんな人なのだろう？

最近よく「空気を読む」という言葉が使われるが、気配りが上手い人というのは、すなわち「場の空気を読んで（つまり、相手の心を察して）対応するのが上手い人」だ。相手が緊張していたら、すかさずリラックスさせる言動でなごませる。あえて悪い話をするときは、後でいい話もして嫌な気分を残さないよう配慮する。また、あるときは一生懸命に人の話を聞いたり、何かしてもらったら、些細《ささい》なことでも感謝の気持ちを伝えたり…。

本書では、日常の会話から行動パターン、ビジネスシーンでのやり取り、ケータイやメールのマナーまで、一目おかれる人の気配りのポイントを満載した。

気配りを受けた側はうれしくなって相手に好感を持つ。結果的に、「気配り王」の周辺では、様々なことが好転し始めるものだ。本書が、あなたの仕事や人間関係を劇的に変える第一歩になるものと確信している。

２００６年10月

知的生活追跡班

「気配り王」になる！●目次

Step 1

一目おかれる人の「対人関係」の気配り　13

Step 2 感じがいい人の「会話」の気配り

Step 3 デキる人の「仕事とオフィス」の気配り 121

Step 4 魅力的に見せる「一流」の気配り 155

Step 5 さりげなく上をいく「日常」の気配り 189

Step 6 相手を引き込む「電話・メール・ケータイ」の気配り 215

カバー・本文イラスト●千野エー
構成・執筆●桜井裕子
ＤＴＰ●フジマックオフィス

Step1
一目おかれる人の「対人関係」の気配り

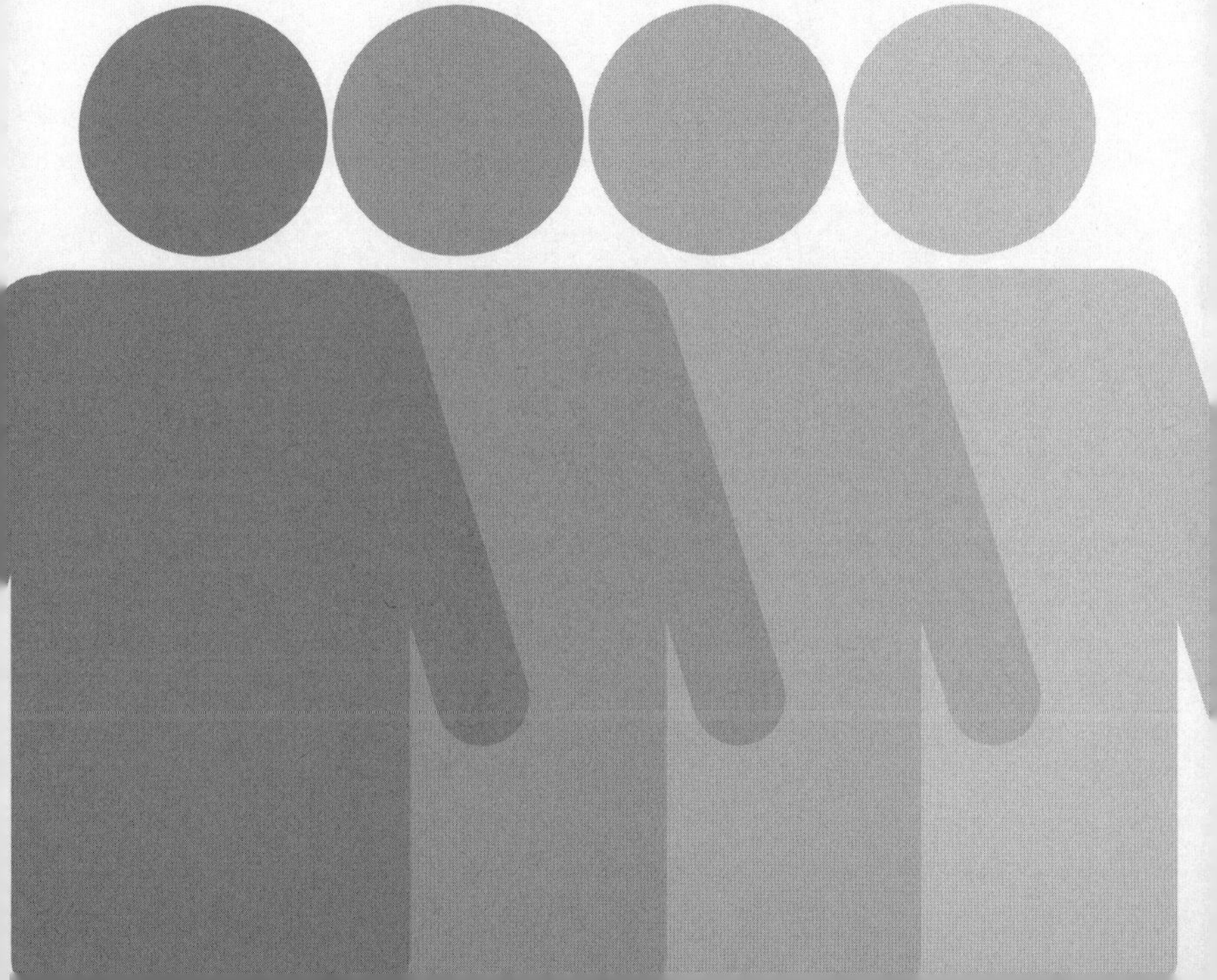

感じのいい人が実践する「ミラーリングの法則」って何？

相手と波長を合わせることは、人間関係をよくするうえでとても大切なことだ。そこで、会話にかぎらず、「姿勢」や「しぐさ」を相手に合わせるという気配りも欠かせない。つまり、見た目にわかる〝同調〟をするのだ。

動作を相手に合わせることは、「私はあなたを受け入れてますよ」というサイン。相手の緊張を解くためにも、このサインは上手に送りたい。

まず姿勢。相手が立っていたら、自分も立つ。相手が座ったら、自分も座る。これは基本中の基本。ポイントは、常に、「同じ目の高さ」を心がけるということ。相手が座っているとき、こちらが立っていると見下ろす姿勢になり、相手の存在そのものも見下した印象を与えてしまう。そこで、上でも下でもない、同じ目線の高さを姿勢で作っていくわけだ。もちろん、子供に対しても、お年寄りに対しても、常に同じ目線を心がける。

次のステップとして、話をするときには上半身の動作を合わせる。

相手が身を乗り出したら、自分も意識的に前かがみになる。

相手がコーヒーを飲んだら、自分もカップに手をやる。

相手が水を飲んだら、自分も飲む。

相手がうなずいたら、自分もうなずく。

相手が髪を触ったら、自分も体のどこかに触れる……。

このように、鏡に映したように相手と同じしぐさをすることを心理学では「ミラーリング」といった言い方をする。このミラーリング効果は思った以上で、人は自分と似た人、つまり同類を好きになるため、**同じ動作をすることで親近感や信頼感が増す。結果的に話がはずみ、よりよい人間関係を築くことができる**というわけだ。

気心が知れた夫婦や恋人などは、このミラーリングが自然にできてしまうという。好きな人の動作のクセは、無意識のうちに体が覚えてしまうのだろう。

ただし、意識的にミラーリングをする場合は、あまり露骨《ろこつ》にしすぎないこと。たとえば、相手が頭をかいたら、即自分も頭をかく、鼻をこすったら自分もすぐ鼻をこする、というのでは、わざとらしすぎる。「変な奴だなぁ」と思われるのが関の山だ。そこで、相手が頭をかいたら、こちらはちょっと手を動かして体の一部に触れる、コーヒーカップを持ったらペンを持つくらいにしておく。あくまで自然に、相手に気づかせない程度にリズムを合わせていくことだ。

会話がなごむかどうかは、席の「位置どり」で決まる！

「座る位置」は、知らず知らずのうちに人の心を操っている。

ここでは、さほど面識のない二人が商談で向かい合って座るシーンを想像していただきたい。あなたはそのうちの一人で、相手の座り位置は真正面、だったとしたら？　実生活でも体験ずみだと思うが、まん前に相手が座っていると、何だか緊張する。すると、つい上半身は自然と後ろに引き気味になる。

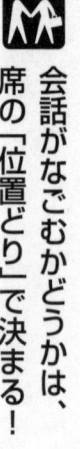

実はこれ、動物的本能による防衛策。真正面から外敵に襲われても致命傷にならないよう、無意識のうちに相手との間隔を広げ、身を守っているのだという。現実に、向かい合わせに座った人に襲われるとは考えにくいが、人間という動物は、相手の居場所に合わせて自然と攻撃態勢を整えるようにできている。

商談においては、適度な緊張状態は必要だが、だからといって緊張しすぎても、対立意識が強くなりすぎてもうまくいかない。そこで、**気配りできる人は、わざとずらして相手の「斜め前」に座る**だろう。相手が緊張しきっているような場合や、相手が異性の場合は、なおさらそうする。

一般に、いちばん緊張する位置は真正面、いちばんリラックスする位置は横並びといわれるが、いきなり横並びというのも変。そこで、適度な緊張とリラックスを維持できる「斜め前」の位置関係を作るわけだ。

あるいは、同時に座るような場面では、まず自分が座る椅子に手を触れて「私はここに座りますよ」と意思表示し、相手が座る席を選べるように気配りする。つまり、**先に自分の位置を体で宣言しておく**のだ。

この場合、誰もが斜め前を選ぶとはかぎらない。外向的な人やぜひとも相手を説得しようと意気込んでいる人は、むしろ真正面を好むものだ。二人で座るときは真正面と決め込んでいる人もいるだろう。経緯はさておき、いざ真正面の位置で話をすることになったら、

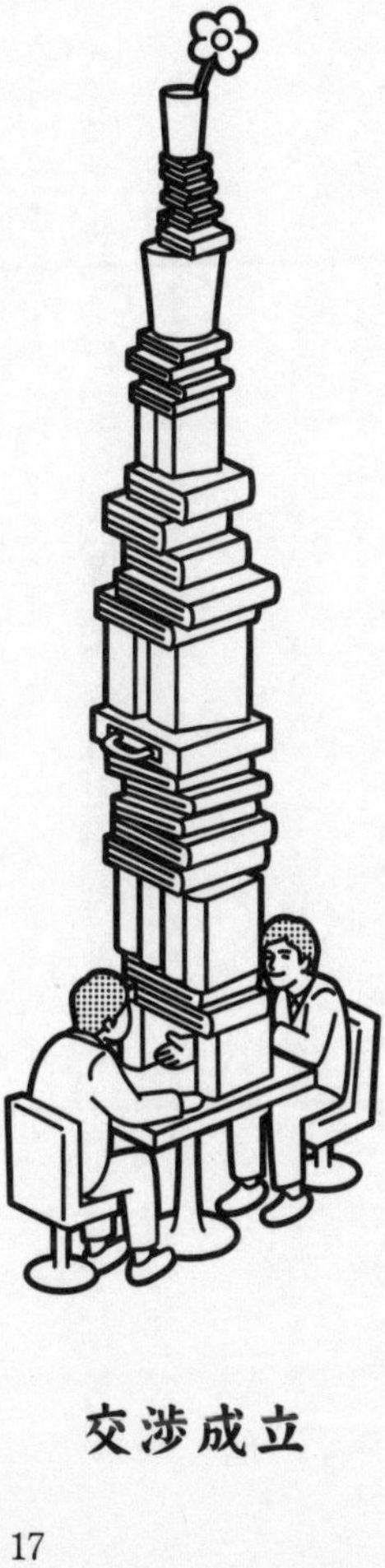

交渉成立

今度はその中で緊張しすぎないための気配りをする。

具体的には**二人を隔てるテーブルの上に書類や本などのモノを置く**。実際にやってみるとわかるが、モノがクッションになるため、張り詰めた空気が少しだけやわらぐものである。

仕事がらみだと、たいてい書類が手元にあるため、これがクッションになってくれる。仕事を離れた関係ならば、本が頼りになる。喫茶店で待ち合わせた場合は、お茶と本でテーブルを埋めれば、クッション役をしてくれるだろう。

気配り人間は、こうして、位置関係やモノで調整しながら、緊張とリラックスのバランスを維持していくのである。

「そういえばA氏とB氏はいつも意見が合わず、対立ばかりしていたっけ……」

ならば、会議のとき、席順に一工夫してみてはどうだろう。二人を真正面に座らせるのは避け、親密度が高まるとされる隣同士に座ってもらうようにする。隣同士だと嫌でも話をすることになり、冷戦状態をやわらげるお手伝いができるだろう。

家庭においても、この手は使える。なぜか家族関係がぎくしゃくしているというなら、ときどきダイニングの席替えを。

緊張した相手の心を開かせる魔法のきっかけとは？

前項の通り、座る位置やモノの置き方一つで緊張ムードはかなり緩和されるが、相手が緊張しきっているときは、プラスアルファの気配りをしたい。たとえば、社会に出て間もない新米、自分よりずっと年下の後輩などと対面するときは、相手の緊張度を察して、こちらから相手をラクにするための演出をしてみる。

ポイントは姿勢。

見るからにコチコチに緊張している相手に対しては、こちらが姿勢をちょっとゆるめ、相手の金縛り状態を解いてあげるのだ。

姿勢や動作は人の心理を映し出す鏡。緊張しきった人間は、まず肩に思い切り力が入っている。すると上半身はソリ気味になる。この場合、手も足元も硬く閉じた状態であることが多い。そこで、リラックスするには、この逆をやればいいわけだ。

肩をラクにし、手足も軽く開いてラクにする。手は自然に膝の上に置き、膝は少し開き気味にする。上半身は、多少前傾姿勢になって背筋を伸ばす。女性の場合、短いスカートをはいていると膝は開けないが、とにかく全体に力を抜き、ちょっとだけ「オープンな姿勢」を心がける。話をするときは、多少大げさに手を動かすなどしてみる。すると、相手にもこの波長が通じて、緊張が緩和されるというしくみ。

逆に、腕組みをして反り返るようにするのは、相手を拒絶する「クローズの姿勢」。横柄かつ尊大に見えて、緊張した相手をますます萎縮させ、相手の心もクローズさせてしまうので注意を。

こちらが体をラクにすれば、相手の心がラクになる。こちらが心をオープンにすれば、相手もだんだんそうなる。この法則を知って、姿勢やしぐさにもちょっと気配りを。

遅れて飲み会に来た人が スムーズに盛り上がれる「パス」の出し方

飲み会の席に遅れて行ったために、取り残された気分になったことはないだろうか？

たとえば、夜7時から始まる飲み会に8時に行ったとすると、最初からその場にいたお仲間は既に酒がまわり、赤い顔でヘラヘラしている。自分だけがしらふ。たまたまある話題でわっと盛り上がっているとき、爆笑の渦《うず》の中に「ごめ～ん、遅れちゃった」と入って行ったとすると、笑いの意味が見えず、ついていけなくてちょっと淋しい。会社仲間の飲み会なら、遅れて行った若い部下がポツンと取り残されてしまうこともあるだろう。

こんなとき、気配り人間がいると救われる。

月一で定例の飲み会をしているDさんたちは会社のテニス仲間。その中の、いちばんの先輩Tさんは、いちばんの気配り人間だ。

誰かが遅れてやってくると、すかさずTさんが、

「お疲れさん」「○○君、何飲む？　ビールがいい？」

と、**率先して注文してくれる**。何かの話題で盛り上がっていたときは、

「今、部長の○○さんが××した話をしててね、○○さんは△△なんだって……」

と、その内容を遅れて来た人にすかさず伝えてくれる。もしも昨夜のテレビ番組のこと

が話題になっていたら、「○○君は、昨日の番組見た？」、あるいは子供のときの夏休みの宿題が話題になっていたら、「○○君は、小1のときの夏休みの宿題覚えてる？」という具合に、**話をふってくれる**のだ。

すると、この瞬間から主役は遅れて来た○○君になり、しらふだろうと取り残されることはなくなる。気配り王のいる宴席は、こうして老若男女いつのときも一致団結して盛り上がるのである。

お酒が入ると、話に夢中でつい省略してしまいがちなのが遅れて来た人への気配り。あなたはできているだろうか？

対人関係がうまくいく、アフターフォローの秘訣

自分が引き合わせたBさんとCさんが意気投合し、その後頻繁に接触していることを偶然耳にしたとしよう。

「BさんとCさん、最近よく一緒に遊んでるらしいよ……」

「BさんとCさん、今度一緒に仕事するんだってね」

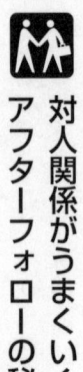

すると、たぶん、多くの紹介者は、

「えっ、そうだったんだ⁉……聞いてなかったなぁ」

と、ちょっと疎外感を覚えるのではないだろうか。中には、「なんだよ、こっちに何の報告もないじゃないか」と不快感をあらわにする人もいるだろう。

仕事、プライベート、どちらにしても、初対面の人同士を引き合わせる機会はよくある。紹介される側になることも度々あるだろう。これによって人脈が広がるのはとてもいいことだが、紹介された者同士が親しくなったり新たなビジネスを共にするようになった場合、**紹介者に報告するというアフターフォローを忘れてはいけない**。つまり、日本人が大切にしてきた「スジを通す」という気配り。

「そんなの常識」と思ったかもしれないが、そのスジを通すことができないために、人間関係を悪化させてしまうケースは少なくないのだ。

紹介された後のフォローを怠れば、紹介者の機嫌をそこね、新しい人脈は増えても古い人脈を無くすことになりかねない。増えたら減って、結局ご破算。

仕事がらみで大きなお金の流れがからんでいたりすれば、「紹介されっぱなしの調子のいい奴」というレッテルを貼られ、あなたのよくない噂が流れて結局ご破算、どころか信頼を失ってそれ以下にもなりかねない。

そこで、紹介された人と縁ができたら、必ず、

「ご紹介いただいた○○さんと新しい企画でご一緒することになりました。ご紹介いただきありがとうございました」

「この間、○○さんと会ったよ。いい人を紹介してくれてありがとう」

というように、紹介者に一言報告。そして感謝する。さらに、自分が紹介してもらったら、今度は自分の人脈を相手に紹介する。**人の流れが一方通行にならないように気配りすれば、人間関係は自然とうまくいく。**

話し相手の機嫌がよくなるネタ、悪くなるネタの見極め方

ペットの話題というのは、癒し系の筆頭にもあげられる。あたりさわりが無くて、いつでも平和な空気を運んでくれるものだ。話題に困ったとき、相手がペット好きならこれにかぎる。

上司もしかり。たまたま上司と帰りの電車が一緒になった、一緒に飲むことになった、というとき、**出番を待っているのは、ペットのネタ**である。

もちろん、最初からペットに話題をふる必要はないが、ふと沈黙が訪れたときに持ち出し、上司に気持ちよく語らせてあげることも仕事を離れた部下の気配りというものだ。もちろん、上司が自分からペットについて語り始めたら「へえ、そうなんですか」とうれしそうに聞く。「ほ〜ら」と、携帯で撮った写真でも見せてくれたら、「わぁ、かわいいですね」の一言も欠かせない。もちろん、心から言う。ニコニコしながら言う。

こうした日々のちょっとした会話から上司の愛犬（または愛猫、愛兎など）ぶりがわかれば、今度はペットの名前を正しく覚えて時々使ってみる。

「ミミちゃんとハナちゃん、どうしてますか？」

「シロちゃんも、ずいぶん大きくなったでしょうね？」

その一言に、キラリと輝く上司の眼。満面笑みを浮かべながら、

「いや〜、よく吠えるから手を焼いてるんだ。毎朝の散歩はボクの役目でね……」、「犬と猫、両方いるから、餌代も馬鹿にならなくてね」と近況報告してくれる可能性が高いだろう。

ポイントは、あえて「ペットの名前を覚えて使う」ということ。

子供の名前はどうか。こちらは、上司が普段の会話の中で連発するようであれば、「正しく覚えて使う」のも気配りだが、そうでない場合はあえて触れない。妻や夫の名前につ

いては端から覚えて使う必要はないだろう。

家庭の事情というのは部下には計り知れない。子供が小さいときは話題も盛りだくさんだが、大きくなると反抗期やら受験やらあって親との距離は離れていく。今は親子関係がたまたま気まずくなっている時期かもしれない。結婚から数年・数十年もたてば、妻や夫との中は冷え切っているかもしれない。だから、本人が積極的に語るとき以外は触れないのが気配りだ。

ただし、ペットとなると話は変わる。たとえ上司が家庭の中で孤立していたとしても、ペットは裏切らないから、「ミミちゃんとハナちゃん……」とやってもさしさわりが無いのだ。

上司と部下の関係に限らない。たとえば、犬を散歩中の近所のオジサン、オバサンに出会ったら、「あっ、ぺぺちゃん！　こんにちは」などと名前を呼んでみると、飼い主の表情は自然と緩む。その一言で人間関係がまるくなる。

貸したモノを返してもらうときは、相手の「負担」を考える

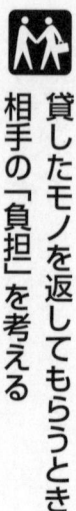

人に貸していた本やビデオが、なかなか返ってこない……。その場合、時間が経過するほど催促はしにくくなるものだ。

人に返却を催促するというのは、意外と難しい。「早く返して！」とストレートに迫ると取り立てのようで感じが悪いし、だからといってほとんど返す気のない相手や借りたことを忘れているような相手には、多少強気に出ないと永久に戻ってこない。相手に負担をかけず、しかも確実に返却してもらうためには、やはり気配りが必要だ。そこで、いくつかの返却成功談からヒントを得ることにしよう。

まず、化粧品会社に勤務するHさんの場合。「話のついでに、『あっ、そうだ（そういえば）』と思い出したように切り出し、別の友達が借りたがっていると伝えます」

急いで借りたがっている別の友達というのは、実際にいてもいなくてもかまわない。いわば、角がたたない催促をするためのクッション役として登場させるのだ。この方法は効果的で、「別の友達の都合もあるから」と言って返却期日を決めれば、相手にも「ちゃんと返さなくちゃ」という意識が芽生え、たいていすぐ戻ってくるという。

テレビ製作会社に勤めるM氏の場合は、「悪いね、仕事の資料で急に必要になったんだ……」とたいてい仕事を口実にする。ただし、やはり何かのついでを装って話を切り出し、相手の負担を軽くするのがコツ。すると、相手も「悪かったねぇ……」と素直に返してくれることが多いそうだ。

いずれにしても、**相手に非があるという態度に出ない気配りで、その後の人間関係もうまくいく**ことがわかる。

しかし、お金は別。あの手この手を使ってもそう簡単には戻らないのがお金だ。そこで、この場合は催促以前に「貸さない気配り」をする。

塾講師のK氏は、「お金貸して」と言われたとき、こう言うようにしている。

「お金は貸すな、が我が家の家訓だから……」そして「力になれなくて悪いねぇ」と付け加える。あとはいっさいその話題には触れず、知らん顔を装う。

相手の苦しい状況を察してやんわり断わり、断わったらすっきり忘れたフリをするのが気配りというわけだ。

借りたモノを返すのが遅れたときの、気持ちのいい「返し方」

前項とは逆に、人にモノを借りたままにしていた、あるいは借りたことをすっかり忘れて思いがけないときにそれが出てきた、という場合はどうするか。「きっと相手も貸したことを忘れているからいいや……」などと甘く考えてはいけない。

借りたものは、返すのが原則なので、「そのままほおっておく」というのは気配りベタ以前に、マナー知らずということで論外。

では、その返し方だが、返却がかなり遅れたのであれば、アレコレ理由を述べずに「遅れてごめんなさい」の謝罪の言葉を素直に述べることは基本中の基本。つっけんどんに「これ、前借りてたやつ」とお礼もせずに渡せば、その人間関係には少なからず歪みが生じるだろう。

ただでさえ、相手は貸したものを返してもらえなくて不快になっているのだ。もし返して欲しいがなかなか言い出せなかった場合、つっけんどんにつき返されたときの不快指数は急上昇するだろう。仮に貸したことを忘れていたとしても、返し方がなっていなければ誰だって気分が悪くなる。

そうならないためには、**返さなかった自分に非があることを自覚し、謝罪＋お礼を添える**などの気配りをすることだ。たとえば、

「返すのが遅くなっちゃった。悪いね……今度おごるよ」

と、お茶や食事をごちそうする。

あるいはおわびをして、相手の負担にならないような軽いお礼の品物を添えて返す。兎にも角にも、一生懸命フォローすることが肝心。「もし、自分が貸した方の立場だったら？」と考えて、相手の気分がすっかり晴れる方法を考えてみよう。

もちろん、本やビデオ、ＤＶＤなどを借りたときは、読んだり見た感想を返すことも忘れないように。

「初対面の待ち合わせ」を成功させる三つのポイント

待ち合わせ場所で相手になかなか会えないことがある。

たとえば、広いカフェで待ち合わせをし、隅から隅まで見渡すのに時間がかかるとき。初対面にもかかわらず、相手の特徴を事前に何も聞いていないとき。相手が奥の方のわかりずらい席に座っているとき……。これらの場合、相手を見つけるのに一苦労。そこで、待ち合わせ方の気配りについて考えてみよう。

ここでは、初対面の人同士が待ち合わせすると仮定し「うまく会うための気配り三か条」を挙げてみる。

①小じんまりした店を選ぶ

カフェで待ち合わせする場合、相手が足を運びやすいか、探しやすいか、相手にとって居心地がいいかなどを想定しながら、なるべく小じんまりした店、あまり混み合わない店、落ち着いて話ができる店を厳選。あえて大きな店を選ぶときは、「入り口の真ん前」、「一階のケーキ売り場の前」というように場所を指定しておく。

②入り口近くで待つ

約束の時間より早く到着して相手を待つことは常識だが、その際、相手がなるべく気づきやすい席を選ぶのも気配り。

気づきやすいのは、もちろん入り口近くの席。しかも入り口に背を向けず、対面して座る。入り口をよく見渡せるシートで待てば、相手が自分を見つけやすく、自分も相手を見

目立ち過ぎに
注意。

つけやすくなるだろう。

そのシートが上座であれば、相手が来た段階で「こちらへどうぞ」とそれまで自分が座っていた上座を譲ればいい。

ホテルのロビーのような場所で待ち合わせる場合も原則は同じで、なるべく出入り口付近の相手が見つけやすいシートで待つこと。ただし、入り口近くの席は人の往来が激しく落ちつかないというマイナス面もある。状況を見て気になるようなら、相手が到着したタイミングを見て「あちらへ移りましょうか」と、静かな奥の席へと移動。気配りできる人は、移動してゆっくり話をするための席も意識しているはずだ。

このことは、初対面に限らず、親しい間柄であっても心がけたい。

③見つけやすい格好で待つ

初対面の人同士なら、「会社の封筒をテーブルの上に置いておきます」「私は紺色のジャケットを着て行きます」など、互いの目印をあらかじめ言っておくことが大切。

さらなる気配りとして、「たぶんこの人だ」と見つけやすい格好をしていく。つまり、相手が自分に対して抱くと思われるイメージを想定し、さほどギャップを与えない服装、びっくりさせない服装を心がけるのだ。

簡単なことで、営業マンは清潔感のあるスーツ、社長秘書の女性はキャリア風スーツといった、一般人が持つイメージを崩さないようにするだけのこと。相手の顔はもちろん、性格や考え方もよくわからない段階では、「この人何者だ？」と相手を不安にさせたりドキッとさせるようなファッションはご法度。見て安心し、好感が持てるかどうかを基準に着ていく服を選びたい。

待ち合わせがスムーズに行き、快適な時間が過ごせれば、互いの第一印象がよくなることは言うまでもない。**上手に待ち合わせすることは、人間関係をよくする入り口**なのである。

つまらないギャグを活かして場を盛り上げるワザ

おやじギャグのリアクションに困ったことは誰でもあるだろう。

「○○ちゃん、このレバー食べレバー？」

「このカレー、超カレ～」

このような、ダジャレを連発されたら、どう対応すればいいのだろう？

答えはもちろん一つ。ちゃんと笑ってウケてあげるのが気配り。

露骨に嫌な顔をするのも、「あはは……」と弱々しく笑うのも失格。

おやじギャグをとばすのは自己満足といえばそうだが、好意的に解釈すれば、それはサービス精神のあらわれ。

特に、**宴席を盛り上げようという意図が見えるときは、ムードづくりに惜しまず協力**。ここは「面白いこと言ってくれて、ありがとう」の感謝の気持ちも込めて「アハハハ」と高らかに笑ってサービスのお返しをしよう。口元だけでなく目も笑う。とりあえず笑ってみると、本当に可笑しさがこみ上げてきたり、場がなごむことに気づくだろう。

見方を変えれば、つまらないギャグに対してクールな反応しかできないのは、心に余裕がない証拠。人に気配りできないほど心が尖った状態なのだと自覚し、ウソでも笑って心の毒を発散したほうがいい。

ところで、1960年代に流行った「あたり前田のクラッカー」というフレーズがある。今も前田製菓のクラッカーは存在しているが、今これをダジャレとして使う人はほとんどいない。万が一、いきなり「あたり前田〜」と言われても「ここで笑うべきなのか」迷うところだろう。そんな不透明なおやじネタに遭遇したら、無理矢理笑おうとせず、

「それ、どういう意味ですか？」

のように言う。**興味津々で質問してみるのも気配り**だ。すると、

「昔々、藤田まことが主演したテレビのコメディ時代劇に『てなもんや三度笠』っていうのがあって、そのスポンサーがあたり前田のクラッカーの前田製菓だったのさ……CM効果でクラッカーが売れちゃってね……」

と新鮮な話題を提供してくれるかもしれない。そうなると、

「『てなもんや三度笠』ってどんな番組だったんでしょう?」

「そのクラッカーおいしいんですか?　今もありますか?」

と、年代のギャップを超えて、会話がはずみそうではないか。

お父さんと同年代やそれ以上の人と話をするときも、ちょっとだけ勇気を出してどんどん質問し、どんどん驚いてみよう。

歌いたい人、歌いたくない人が一緒に楽しめるカラオケの作法

カラオケ酒場にカラオケボックス。この国では、カラオケはとっくにブームを通り過ぎ、一つの文化になっている印象だ。

今や宴会にカラオケはつきものだから、「私、歌は苦手なんで」「歌える歌が無くて……」

と逃げ腰になっても、「まあまあ、たまにはいいでしょ」と連れて行かれてしまう。

気配りが必要なのは、そんなときだ。つまり、歌う気満々の人、そこそこ歌いたい人、付き合いで連れてこられてしまった人など、さまざまな人間が連れ立ってカラオケ店に来たような場合である。

どうすればいいかというと、**メンバーの温度差を瞬時に見極め、歌いたい人もそうでない人も楽しめるように配慮をする。**

あなたがカラオケ好きだと仮定して、特に気配りしたいのは、マイクを持つ事に消極的な人。その人に本当に歌う気がなければ、「歌って」と強要しないことが気配りだし、単に遠慮しているのであれば、歌いやすい状況を作っていくことも気配り。

本音を見極めるコツは、とりあえず「1曲どうですか？」「歌わない？」とすすめてみることだ。もし、断わるときの表情やしぐさが頑《かたく》なであれば、それ以上はすすめない。「歌える曲がない」「ヘタだから」と言いつつも楽曲リストをパラパラめくっているようなら、歌う気あり。「それじゃ、スマップの○○やモーニング娘。の○○なんかどうですか？」と誰でも知ってる曲を具体的に提案し、「○○さんの歌、聞いてみたいなぁ」と押してみる。

最近は、各年代別のヒット曲リストも充実しているので、相手がどの世代かによって、無理なく歌えそうな曲を提案することもできる。たとえば、30代半ばくらいなら、その人が青春を謳歌していた1990年頃のヒット曲が載ったページを開くなどしてサービス。相手が重役や大先輩なら、1960年代のリストを開いて「舟木一夫の『高校三年生』や三波春夫の『東京五輪音頭』もありますよ」と、茶目っ気を出して言ってみる。これで、重役の目が懐かし気に輝けばしめたもの。

逆の立場から言えば、そこまでサービスしてもらったら、勇気を奮って一曲披露するのが気配りというものだ。

もちろん、誰かが歌っているときは、最後まで聞く。

「ちょっとトイレ」

もダメ。「オレの歌が聞けないのか？」と怨みを買っては大変なので、今の人が歌いきるまでトイレはじっと我慢する。

たとえ、聞く方が照れるようなセリフやハミングが入ろうと、ところどころ入る英語やフランス語の発音がなってなかろうと、ちゃんと聞くことがカラオケ店での最低限の気配りである。

歌い終わったら「よかったよ」「うまい！」とほめ言葉を送ることも忘れずに。

「相手の名前は、早く覚えて正しく使う」の絶対法則

以前、中日ドラゴンズのエースピッチャー川上《かわかみ》投手にマイクを向けた女子アナが、「カワウエ投手」と言ってヒンシュクを買ったことがある。

ところが、このようなちょっとした名前の読み間違い、呼び間違いというのは、日常的によくあるものだ。

「山崎さん」なら「やまざきさん」か「やまさきさん」、「中島さん」なら「なかじまさん」か「なかしまさん」、「渡部さん」なら「わたなべさん」か「わたべさん」など、読み方が2通りやそれ以上ある場合は、ふりがながないと読み方、呼び方に悩む。そこで、紛らわしい名前は、名刺交換したときにでもきちんと確認し、正しく覚える必要があるだろう。

名前というのは、その人物の「顔」のようなもの。そのため、ちょっとした間違いであれ、言われた本人はいい気がしない。顔を汚されたほどの気分になる人もいるだろう。また、相手が自分の名前をなかなか覚えず、

「え〜と、お名前は……」

といちいち詰まるようだと、不快になってくる。サービス業のプロなどは、そのへんの心理を熟知していて、人の名前をとても大事にする。初めてのお客さんならまず名前を正確に覚え、すぐに口に出して言うという気配りをするものだ。確かに、予約した店で、

「○○様、お待ちしておりました」

と言われると丁寧な印象を受けるし、何度か利用したことのあるホテルのフロントで、

「○○様、いつもご利用いただき、ありがとうございます」

と言われれば、やはりうれしい。

セールストークでも、「○○様」と名前を呼ばれた顧客はいい印象を持つし、まだ会って間もない人に、「○○さん」と名前を呼ばれると、「覚えていてくれたんだ」とうれしくなり、相手に親しみを覚える。

あの故・田中角栄元首相は、人心掌握に長けていたことで知られるが、その理由の一つは抜群の記憶力にあったようだ。首相になっても一度会った人の名前は必ず覚え、次に会ったときには「○○さん」と名前できちんと呼んでいたという。名前を呼ばれた方は、首相に名前を覚えてもらったので感激してしまい、ますます好感を持ったというのだ。

名前を呼ばれるということは、自分の存在を認め、肯定してもらうことにも通じる。だからこそ、**相手の名前を正しく覚えて使う**という気配りは大切なのだ。

困るのは複数の人間と同時に名刺交換したような場合。なかなか名前と顔が一致しない。そこで、ビジネスマンなどは、相手の席順に名刺を並べ、顔を見比べながら名前を頭の中にインプットするなど独自の工夫をする。

ただし、確実に覚え込むためには次のステップも重要。商談が終わってから、改めて受け取った名刺を取り出し、今日の日付や必要な情報を記入するなどしながら心の中でもう一度名前を確認する。

そして、次回会ったときに、さっそく「○○さん」と名前を呼んでみよう。声に出して言うほどよく覚えるものだ。

思い込んでいる人を傷つけないで軌道修正させるコツ

アメリカ在住のA君が3年ぶりに帰国したときの話。

父親の仕事の関係で子供の頃から日米を行ったり来たりしていたA君は、正真正銘のバイリンガルである。夏休みを利用して帰国したが、久しぶりの日本を満喫しようと、父親の元同僚B氏の家族と京都旅行をすることにした。

行きの新幹線の中で、ガイドブックを開くと、その日宿泊する旅館が紹介されていた。B氏が「ココに泊るんだよ」と指差すと、「へ～、いいところですね」とA君。そして言った。

「京都は〝ローホ〟が多いですね」

「えっ⁉」

初め「ローホ」がピンとこなかったB氏だが、ガイドブックに「老舗旅館」という文字があったので、「老舗《しにせ》」のことだとわかった。

しかし、B氏はここですぐに間違いをただすことができなかった。B氏の妻は、と見るとガイドブックを見ていないのでローホの意味がわからずポカンとしていた。

京都に着いて老舗旅館に荷物を置き、夜は老舗のすき焼き料理店に足を運んだ。

再び「ローホ」という言葉は出なかったが、今度は話の流れで、もっと思いがけない言葉が飛び出した。

「おじさんは、父と同じくらいだから、ちょうど〝ダンコン〟の世代ですよね」

「ええっ⁉」

容易にわかるように、A君が言いたかったのは、「団塊《だんかい》の世代」。が、ダンコンと覚え込んでいたらしい。

妻が爆笑したため、キョトンとするA君にB氏はすかさずフォロー。「間違えやすい日本語」について真面目にレクチャーしたのだった。

あえて間違えやすい日本語だとA君に説明したのは、もちろん気配り。日本語を一生懸命使おうとしているA君のやる気をそがないようにと配慮したのだ。

このような間違い言葉や思い込みというのは、海外生活の多少に関わらずあるものだ。しかし、それが**とんでもない間違いであるほど、人前で赤っ恥をかかせないよう相手に気配りしたい**。個々に事情があるしプライドもあるのだ。状況しだいでは気づかぬフリでその場はやり過ごし、あとで二人きりのときに伝える。しかも、**「みんなよく間違える」ことを前提にさらっと教える**ことが大切。

では、もしも上司がA君のような間違い言葉を発したら……この場合は最後まで気づかぬフリがいいのかもしれない。

「もてなしてよかった」といわれる「感動」の伝え方

手土産を持って同僚や友達の家に遊びに行くと、奥さんの手料理が用意されていた。誰でも経験するこんなシーンで、料理が美味しければ何も言うことはない。「美味しいですね。奥さんて料理上手だなぁ」と素直に印象を口にすればいいだろう。

問題は、その料理が口に合わなかったり、美味しくなかったときである。招待された他のメンバーも箸が進まない様子なのに「すごく美味しい！」「料理上手ですね」とほめるのはわざとらしく、表情にもウソが出てしまいそうだ。

ここで気配りするなら、料理の味の他にほめる材料を探し、その感動を口に出して言う方がいい。味はどうあれ、相手は貴重な時間を割いて手料理でもてなしてくれたのだ。それに対する感謝の気持ちを伝えれば、住人はきっと喜んでくれるだろう。

どんなお宅にも、ほめる材料、感謝する材料は必ずあるものだ。

たとえば、テーブルいっぱいにいろいろな料理が用意されていたら、

「こんなスゴイ歓待を受けるとは思ってもみませんでした。うれしいなぁ」

味付けはもう一つだが、とても珍しい料理が揃っていたら、

「これ、何ていう料理ですか？　恥ずかしながら、こんなの食べるの初めてなんです」

と、質問してみる。質問するということは「印象的だ」という意思を示すことになるし、質問をきっかけに、会話もはずむだろう。

器をほめる手もある。

「食器、ずいぶんお洒落ですね。○○のやつ、いつもこんな器で食事してるのか。レストランみたいでうらやましいな……」

すると、相手はちょっと鼻が高くなる。インテリアに目を移して、

「あの花瓶いいですね。どなたか名のある人の作品ですか？」

などと質問するのもいいだろう。子供の絵が飾ってあれば、

「あれは、お子さんの絵ですか？　カワイイですねぇ」

これも間違いのないほめ言葉だ。さらに、

「子供の絵を飾ると、部屋が暖かくなりますね～」

のように一言添える気配りもしたい。

サービスを受けたら否定的な言葉は懐にしまい、感動を口にしてみること。**「もてなしてよかった」と相手に思ってもらう**ことが大切だ。

外で食事をごちそうになったときなども、この姿勢はくずさないようにしたい。料理が口に合わなくても、他のいいところを言葉にして伝えるよう工夫してみる。「お店の雰囲気がいいですね」「食器のセンスがいいですね」「盛りつけがキレイ」「スタッフの感じがとてもいい」など、料理とは別の角度から探せば、ほめ言葉はいろいろ出て来る。口に出して言うほど、感動のレベルも高まっていくものだ。

ヘタなあいづちより メモをとるほうがいいワケ

年長者をはじめ、うやまうべき人を前にして話を聞くときは、誰でも背筋をピンと伸ばして相手の話に集中しようとする。たとえば、取引先の重役と仕事を終えて食事やお酒をともにするような場面で、重役が自分の少年時代のことなど古き良き時代について懐かしそうに語り始めたとする。

「あの頃は、今みたいにコンビニやファーストフードもなくて、子供たちはよく駄菓子屋に集ってたもんだ……」

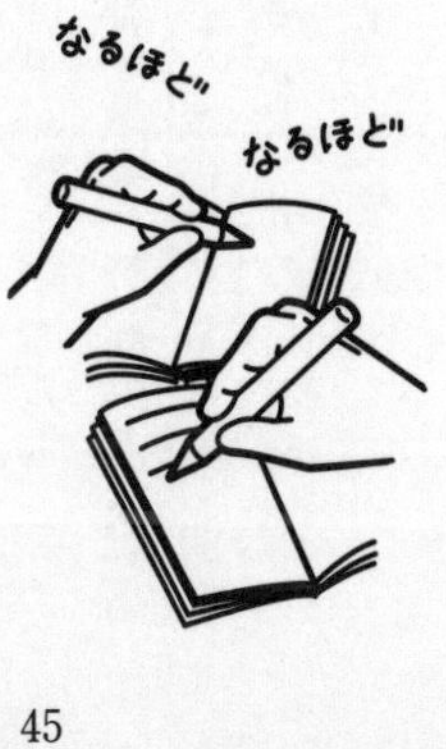

そんなとき、話に熱心に耳を傾けているサインといえば、まずあいづち。ただし、相手が年長者ともなると、「な〜るほど」「すごいですね」「いいお話ですねぇ」ばかりでは軽すぎるし、だからといってあいづちをあまり打たないと「こいつ、本当にオレの話を聞いているのか?」と誤解されかねない。気の利いた質問でもタイミングよく差し挟めればいいが、的外れなものだとかえって相手の話す気をダウンさせてしまうだろう。

聞く気を確実に伝えるいい方法はないだろうか?

これは、ツアーコンダクターをしているB氏が教えてくれた方法だが、年長者に**〝聞く気〟を伝えたいときは、ヘタなあいづちを打つよりもメモを取るのがいい**という。B氏は旅先で幅広い年代のお客様と接しているが、メモが年代のギャップを埋めてくれるというのだ。

書き留めておきたい印象的な話に出会ったら、さっとダイアリーを広げ、メモ欄にその話の概要をメモする。場合によっては、

「とてもいいお話なので、失礼してメモを取らせていただきます」

そう断わったうえで、メモを取るようにする。

「禅の言葉で〇〇というのがあってね……」のように話題に出た言葉の綴りがよくわからないときは、

「どのように書くのでしょうか？」
と積極的に質問もしてみる。

自分の話をメモする様子を見て不快になる人はたぶんいないだろう。実際、B氏はメモを取ることで相手との距離が縮まったことをよく実感するという。

「メモを取ると聞く意欲が見た目に伝わるため、好感を持ってもらえるようです」とB氏は証言。会話がうまくはずまないときも、メモを取り始めるのを機に流れがよい方向に変わることもあるという。

もちろん、メモを取るという気配りは、相手が年長者にかぎらず、誰に対しても応用が効く。商談の際にもメモを取ることで真剣さをアピールできるだろう。

印象的な話に出会ったらすぐに書く。これによって相手が快く思い、自分は聞いた話や教えてもらった言葉を記憶しやすくなる。まさに一挙両得の聞き方なのである。

「飲めないけど酔える宣言」で、みんなが楽しめる！

皆が楽しみに集まった宴席。そこに、

「ボクはアルコール飲めませんから」

「今、ドクターストップがかかってるんです」

と、最初から飲めない宣言をする人がいると、いきなりトーンダウン。一杯目からウーロン茶を飲むその人が気になり、酔うに酔えなくなってしまうものだ。ドクターストップがかかっている人の体調も気になってしまう。

そこで、飲めない人は、皆にそんな気を遣わせないための気配りをする。

もちろん、無理矢理飲む必要はまったくない。「ボクはアルコール飲めませんから」「ドクターストップが……」のあとに、

「でも、ウローン茶で酔えますから、みなさん遠慮なくどうぞ！」

と、**飲めないけど酔える宣言をする**だけでいい。ウーロン茶やジュースで酔うはずがないことは皆百も承知だが、この一言があれば、皆大らかに飲むことができるだろう。

さらにこんな気配りも。

皆がウイスキーを炭酸水で割って飲んでいたら、その炭酸水だけいただいて同じグラスに注いで飲む。ウーロン茶割用のウーロン茶があれば、自分もそこから注いで飲む。こんなふうにして、飲兵衛たちに一歩でも二歩でも近づく演出をすると、周囲の人は安心するし、飲めない自分も自然とハイになっていくものだ。

もちろん、ハイな気分は積極的に表現。飲んで酔いが回っている人たちと一緒に笑い、一緒にはしゃいでみせ、雰囲気を楽しむ。ウーロン茶で体は酔えなくても、心を酔わせることは十分できるのだ。

逆に、飲む人は飲めない人への気配りを忘れないように。

飲めないという人に「そんなこと言わないで一杯ぐらい飲め、飲め」「少しぐらい付き合いなさい」と強要するのは気配りべたのする行為。相手が飲めない宣言をしたのなら、変に気にせず、こちらは飲む人のペースで楽しめばいい。

飲めない上司の前では多少酒量を控えるくらいの気遣いはしたいが、表面的にはあくまでマイペース。**「飲めない自分のせいで、みんなに気を遣わせちゃったかな」と相手に思わせない**ことも気配りだ。

飲む人、飲まない人、互いに気配りすれば、決して場がしらけることはない。

間接的にほめ言葉を送る「遠隔ほめ」の魔力

日本人は人をほめるのがあまり上手ではないと言われている。

特に面と向かってほめるのは難しく、つい言葉が上滑りしてしまいがち。そうなると、ほめられた方もなんだかくすぐったくて、反応に困ったりする。

ただし、人はほめられるのが基本的に好きな生き物である。これは間違いない。あのナポレオンも「ウソでもほめられることはうれしい」と言っているのだ。

「すごい！」「さすが！」「上手い！」

「○○さんなら信頼できます」

など、ほめ言葉を送られた人間は、一様にいい気分を味わう。

それほど大好きなほめ言葉なら、できるだけ効果的に送る気配りをしたいものだが、ここでちょっと考えてみていただきたい。ほめられるときには、主に次の二通りの状況が考えられる。

①面と向かって、直接ほめられる。

②他の人を通じて間接的にほめられる

①は「○○君、仕事がんばってるねぇ、評判いいよ」と肩をポンとたたかれるようなほめられ方。

②は、「○○部長が君のこととてもほめてたよ。あいつはホントに仕事がんばってるねって……」と情報通の人事担当者などから報告を受けるようなほめられ方。

どちらであれほめられた方はうれしいはず。ただし、人間の心理としてよりうれしいのは②のほめられ方である。

心理学の実験データでも明らかになったことで、**人は間接的にほめられたときに、最もうれしく感じる**のだという。逆に、最も不快になるのは、間接的に自分の悪口を聞いたときだ。

間接的にほめられる〝遠隔ほめ〟のよさは、同じほめ言葉でも真実味が増すということ。「そうか、○○部長は、自分の仕事ぶりをちゃんと見ていてくれたんだ。わざわざ人事の○○さんにそのことを伝えるくらいだから、本当に認めてくれたのに違いない……。もしかしたらトップの方にもボクの仕事ぶりを伝えてくれたのかな？」という感じで、いいイメージがどんどん膨らんでいく。

直接ほめられた場合、人によっては単なる挨拶としか映らないこともあるし、何より照れくさい。しかし、遠隔ほめだと、その照れくささもワンクッションおくことで緩和される。

そこで、気配りの上級者は、あえて遠隔ほめをする。

部下をほめたいのであれば、本人に直接言うのではなく、自分のほめ言葉をその部下に伝えてくれそうな相手に言う。部下がA君という人ならば、

「A君は、とても期待できるね～。仕事よくがんばってるよ」と、話好きで宣伝力がある人物に厳選して言うと、間もなくその人からA君に、「○○部長が君のことほめてたよ……」と伝えられるだろう。そして、ほめ言葉を受け取ったA君は喜びにひたり、「よーし、もっと認められるようにがんばろう！」と士気を高める。こうして、好循環がもたらされるというしくみだ。

もしも、遠隔ほめをしてくれたのが、ふだんほとんどほめ言葉など発しない人物であれば、A君の喜びは倍増することだろう。

みなさんの周囲にほめ言葉を送りたい人がいたら、さっそくこの遠隔ほめの効用を試してみてはいかがだろう。

三人いるところで、一人をほめるうまいやり方

もう一つ、確実に伝わる〝遠隔ほめ〟があるのでお伝えしよう。**本人のいる前で、同席した別の相手にほめ言葉を送る**のだ。

あなたの前にほめ言葉を送りたいAさんと、もう一人Bさんがいたとしよう。そんなと

き、Aさんではなく Bさんの方に視線を送りながら、

「オレ、こいつのことホントにいいやつだと思ってるんだ」

「Aの能力をすごく買ってるんだ」

「Aなら、いつも安心して仕事をまかせられるよ」

そんな告げ方をする。視線の方向はあくまでBさん、ここが大切。

こうしてBさんが間に入ることで、面と向かってほめる照れくささやむずがゆさは緩和され、そのうえ確実にAさんにほめ言葉を伝えることができる。不思議なことに、第三者が入ると、ほめ言葉もずっと言いやすくなるものだ。

特に男同士の場合は、Aさん本人を見ながら「おまえのことホントいいやつだと思ってる」とは言いづらい。変な意図はないのに、なにかと勘違いされては大変だ。ここはBさんにクッション役になってもらい、Aさんを戸惑わせないようにしたい。

ただし、Bさんに対してもちゃんと気配りをする。

たとえば、BさんとAさんがライバル心剥き出しのような関係では、Aさんをほめることで Bさんが傷ついたり、嫉妬心を感じたりするおそれがある。そのような相手をAさんをほめるときに間に立ててはいけない。

決してライバル関係ではないこと、あなたとBさんとの間にすでに固い信頼関係が築け

ていること、BさんもまたAさんを認めているような関係であることがのぞましい。すると、遠隔ほめがぜん活きてくる。

Aさんをほめることで、Aさんだけでなく、Bさんも自分もうれしくなれたら大成功。

ちょっとした知り合いに声をかけるときの注意点

以前、仕事でちょっと顔を合わせた人や、しばらく会っていない同窓生に久しぶりに顔を合わせることがある。街ですれ違ったり、何かのパーティーや会合などで、「あっ、あの人知ってる」と知った顔を見つけたとき、困るのが、「顔は知ってるけど、名前が出てこない」というケース。

「新井さんじゃなくて、新田さん？……それとも荒木さん……」

一瞬のうちに、相手の名前候補が頭を駆け巡る。あるいは、候補さえ出てこないほど縁遠くなっている人もいる。

では、名前の疑問が解消されないまま相手が「いやぁ、お久しぶりです」などと話しかけてきたら、あなたはどうするか？

①適当に話を合わせ、相手の名前が思い出せないことがバレないように振舞う。

②「どなた様でしたっけ？」と相手の正体をまず確認する。

大きくこの二つの選択肢があるが、久しぶりに会った相手に、いきなり「どなた様？」とはなかなか聞きづらいもの。相手が親しげな様子で接近してきたときほど、あえて名前は問わないことが、気配りだといえる。

しかし、名前を確認しないまま①のように適当に話を合わせると、今度は話が長引いたとき困る。

相手が「そういえばあのとき○○さん、××でしたよねぇ」などと自分の名前を呼んでくれたとしても、思い出話に花が咲いたとしても、自分は対等に相手の名前を呼ぶことができず、「おたくも……」「そちらが……」などと曖昧な言葉でごまかすしかなく、もどかしい思いをするだろう。

そこでこんな状況を回避するコツとして、〝ちょっと知ってる久しぶりの人〟に会ったときには、まず自分から名前を名乗るようにする。

仕事関係で会った人なら、「○○社の○○です」

同窓生なら、「○○中学でご一緒だった○○です」

趣味の会で知り合った人なら「○○の会でご一緒した○○です」

何の関係で会った人かも思い出せなければ、とりあえず名前だけ言う。

こうして先に名乗ることで、相手も名乗ってくれる可能性は高まる。もし名乗ってくれなくても、「すみません、私忘れっぽくて、お名前を……」と切り出しやすくもなる。こちらの記憶がおぼろげなら、相手もたぶん一緒。互いの正体がわかれば、早々にラクになる。

相手が誰かわかって話しているのとそうでないのとでは、その後の会話の展開も変わってくるものだ。**いい雰囲気で会話を進めるには、まず再度の自己紹介から始める**のが得策である。

趣味の世界で仕事の顔を見せてはいけない理由

最近は仕事のオン・オフを上手に使い分け、オフタイムには仕事とはまったく別の趣味の世界を楽しむビジネスマンも増えてきている。スポーツ、語学、陶芸、写真、音楽……アフターファイブや休日を好きなように過ごせる人は、息抜きがうまいので、ストレスもたまりにくいという。

ところが、何を勘違いしたのか、オフの時間に中途半端に仕事の顔を持ち込む人がいる。

3年ほど前からアマチュアのオーケストラに所属しているT氏は、毎週日曜日が練習日。バイオリンを担当している。ところが、最近入団したばかりのN氏という人物に悩まされているというのだ。

N氏は同じバイオリン担当だが、一流大学出身で勤務先では重役をしているというので、入団当時からそれを鼻にかけた感じが気になった。団員の中では新米にもかかわらず、練習中も年下の団員に命令口調で話かけ、なんでも仕切ろうとする。そのうえ、人の仕事のことや経歴をアレコレ知りたがる。練習の後の飲み会でも、

「仕事は？」「会社では何を？」

「出身大学はどこ？」

と皆に質問し、自分の会社での立場を話してはすぐ会社の名刺をばらまくのである。そんなわけで、団員はみなN氏をけむたがり、今では孤立気味になっているという。

趣味のサークルではよくありがちなケースで、仕事の顔を見せすぎるとたいてい人間関係がぎくしゃくしてしまう。その人は、仕事や家事を離れて趣味の世界を楽しもうという人たちの中で明らかに浮いてしまうのだ。

そこで、オフの世界で人間関係を円滑に保つためには、仕事の顔を表に出しすぎないと

いう気配りが必要になってくる。

まずは発想から変える。あたりまえのことだが、趣味の世界は会社とは別世界。社会的地位などは通用しないことを自覚し、同じ立場の仲間として付き合うことが前提である。

仲間同士の交流を深めるためには住所やメールアドレスの交換も必要になってくるが、会社の名刺を出すのはどうだろうか。最近はパソコンでも簡単に作れるので、仕事とは別のオフ用の個人名刺を作っておくのもいいだろう。

オフの時間はあくまで個人の顔を大切にし、仕事では作れない交友関係を楽しむこと。これは趣味のサークルにかぎらず、旅行や町内会など仕事を離れたすべての世界に共通する気配りの鉄則である。

Step2
感じがいい人の「会話」の気配り

会話の「波長」を相手に合わせていくのが最初の一歩

マニュアル通りの対応が義務づけられているファーストフードショップなどで、

「牛乳とチーズバーガーください」

などと注文すると、たぶん、

「ミルクとチーズバーガーですね」

と対応する店員が多いだろう。瞬時に「牛乳」が「ミルク」にすりかわっている。メニューの上では「牛乳」は「ミルク」だからだ。ただし、本当はそのまま「〝牛乳〟とチーズバーガーですね」と繰り返したほうが、お客はその店員に好感を持つだろう。

同様に、お客が「お砂糖ありますか?」と言ったら「シュガーですね」ではなく「お砂糖ですね」、「お勘定してください」と言ったら、「チェックですね」ではなく「お勘定ですね」と答えた方が、お客は気分がいいはずだ。

なぜなら、同じ言葉を返されたほうが波長が合うからだ。たった二言三言とはいえ、人の心は無意識のうちに「いい感じ」と「嫌な感じ」を嗅ぎ分け、同じ波長の方を「いい感じ」と判別する。そこで、**ときにはあえて脱マニュアルの対応をし、お客さんと波長を合わせる**ことが真の気配りということになる。

相手の言葉に同調する気配りは、普段の人間関係においても必要なこと。「最近、よく牛乳を飲むんだけど」と相手が話し始めたら、こちらもミルクではなく、「牛乳」というキーワードを使って話を展開していく。相手が「フセン」と言ったら「あぁ、ポストイットね」などと言わないで、こちらも「フセン」で通す。

あるいは、「今日は、本当に蒸し暑いね」と相手が言ったら、そっけなく「ホントに」「そうだね」と言うよりは「ほんとに、蒸し暑いね」のように、同じ言葉を使って答える。多少、感覚が食い違っていたとしても、「え〜、今日はわりとすごしやすいんじゃない!?」などといきなり逆らうよりは、まず同調する。ちなみに、これは飲み屋のママやホステスも使っている手法だという。

日常会話においては、声のトーンや話すスピードを合わせるようにする。つまり、相手が大きな声で話したら、こちらも意識的にトーンを上げ、相手が小さな声で話したら、こちらもトーンを下げる、相手が早口だったら、こちらも多少スピードを上げ、その逆ならゆっくりめに話す。相手が丁寧な言葉で話せば、こちらもそうするし、くだけた口調ならこちらもある程度くだけてみる。こうして波長を合わせていくほど、相手も気持ちよく話が出来るようになり、互いの距離がぐんぐん縮まっていく。

もう一度会いたくなる人の「会話」はどこが違う?

商談にしろ、プライベートにしろ、初対面の人と話をするときコワイのは沈黙である。

とっかかりの会話の定番といえば、「気候と天気」、「住まい」、「出身地」、「名前」あたりだが、ここで打ち解けることができたら、そのあとの会話もサラサラとうまく流れる。

逆に、ここで話題が途切れてしまうと、最後までリズムに乗れず、ぎくしゃくしてしまう。

気配り上手は、そんなヘマはしない。

会話を盛り上げるコツは、

①無難な話題からすすんで提供すること

②相手の答えをとにかく肯定すること

そう、肯定するとその場はぐっとなごむのである。たとえば、

「ご出身は?」と聞いて、「名古屋です」という答えが返って来たら、

「へ～、名古屋ですか。最近とっても景気がいいみたいですね」

という具合で、自分が知っているよいことを挙げてみる。ほめられると誰だってうれしくなり、話をしたくなる。名古屋あたりは、地価も高騰して本当に景気がいいし、かつて愛知万博でも盛り上がっているから、ほめるネタにはこと欠かないだろう。

〝景気ネタ〟のほかに、〝食べ物のネタ〟も肯定しやすい。

「長崎です」という答えが返ってきたら。

「ああ、新地（長崎新地中華街）のチャンポンは、ホント、おいしいですね。出張のたびに食べるのが楽しみで……」

と出れば、チャンポンの話題でしばらく会話のキャッチボールができそうだ。

何か具体的に肯定するものが思い浮かばなければ、

「いい所でしょうねぇ……」としみじみ言ってみる。そして、「どんなところですか？」「食べ物は何がおいしいですか？」と積極的に質問してみる。

誰にとっても故郷は特別な場所なので、まずは肯定し、相手をリラックスさせることが初対面の気配りの第一歩。もしわかれば、事前に相手の出身地をリサーチしておき、「〇〇県ご出身だそうですね」と切り出してみるのもいいだろう。自分にそれだけ関心を示してくれたというので、相手はうれしくなる、あなたに好感を持つ、話をしたくなる……と、ますますよい流れを作ることができる。

もちろん、質問された側も気配りを忘れずに。出身地を肯定してもらったら、喜んで自分の出身地をアピールし、今度は逆に相手の出身地を尋ねてみることだ。

間違っても、出身地を聞いたとたん「えっ、○○県!? 何もないところですよね～」「ずいぶん田舎なんですね」なんて言わないように。

無難な話題には「エピソード」を加えるといいワケ

ところで、いちばんあたりさわりのない「とっかかりの会話」のネタといえば、やはり「気候と天気」だろう。老若男女、親しさの度合いに関わらず、始まりのネタとしては申し分がない。ありがたいことに、日本には四季の変化があるため、同じ気候と天気のネタであっても無理なくバリエーションをつけることもできる。

製パン店を営むKさんは、お客さんとの一瞬のコミュニケーションのため、常に「気候と天気」の話題を一言添えるようにしているという。カウンターでお客さんが買ったパンをパッケージするときが、そのタイミングだ。

春先なら、「大分、暖かくなってきましたね」。

台風一過のような快晴の日は、「今日は、いいお天気になってよかったですね」。雪の情報があれば、「寒いですね。明日は雪が降るそうですねぇ」。

すると、たいていはこの一言に対してお客さんは一言答える。

「そうですね」「昨日の台風はホントにすごかったですね」「本当に、雪降るんですかねぇ……」。この程度の短い会話でも、互いに笑顔になる瞬間、その場がなごむ。

何も言わずに接客するのと、お客さんが返答に困らないことを何か一言いう気配りの違いは、お店の印象を違ったものに変えるだろう。

さて、私たちが日常的な会話で「気候と天気」のネタを使う場合、今度は「そうですね」「よかったですね」だけの返答で終わらせない気配り、つまり話題を途切れさせないための気配りも必要となる。

そこでコツだが、**気候と天気に「季節の話題」を何か一言プラスしていく**。たとえば、

「大分暖かくなってきましたね。そろそろ花粉症の時期ですが、大丈夫ですか？」

「暑いですね、ビアガーデンにはもう行かれましたか？」

の要領で、何か具体的に聞いてみる。すると、「昨年は花粉症がひどかったんですが、今年はまだ大丈夫みたいで……」「実は私も昨年は……」と、会話に自然と広がりが出て来るだろう。共通の話題と出会えたら、互いに親しみを感じ、初対面のトークもぐっと展

開しやすくなる。美容師さんをはじめ、一人のお客さんと長い時間接するサービス業の人たちは、このように一言添えるコツをよく心得ているものだ。

5月なら「ゴールデンウィークの過ごし方」、9月なら「読書や映画の話題」など、1年12ヶ月、季節ごとの話題のカレンダーを持っていると、人間関係はどんどんよい方向に広がっていく。

思わず話したくなる「四つのあいづち」とは

日本語というのは、英語などの外国語と比べて抑揚が少ないと言われる。ただし、ちょっと抑揚をつけて言うか言わないかによって、受ける印象がかなり変わることも確かだ。

特にあいづちには注意したい。

「今日、いいことがあってね」と話を切り出したとき、相手が、「へぇ、そうなんだ」とあいづちを打ったとしよう。このとき、「へぇ↓、そうなんだ↓」と、ほとんど抑揚をつけずに言うと、なんともそっけない印象になる。「あなたの話には興味ありませんよ」「関係ありませんよ」という拒否反応とも受け取られかねない。人は相手の反応を気にしながら話をするため、反応が今ひとつだとがっかりして、話を引っ込めてしまうこともある。

これでは、人間関係は進展しない。逆に、

「へぇ～↑、そうなんだ～↑」

と少し高いトーンで抑揚をつけ、ちょっと驚いた感じで「へぇ」や「そう」を強く言うと、それだけで話に興味を示している印象になるものだ。

また、言い方一つで「へぇ、いいことがあってホントによかったね」という共感の気持ちを込めることもできる。これによって話し手はとても気分がよくなり、もっと次を話したくなるものだ。ついでに、話を聞いてくれた人間に好感を持つという相乗効果も得られ、二人の関係は円満になる。

つまり、**あいづちを打つときは、「一生懸命に打つ」**のが聞くときの気配りの基本。

あいづちの
パターン４つ

もちろん、口先だけでなくしぐさや表情も一生懸命に。ちょっと身を乗り出し、目を輝かせながら、「へぇ〜、そうなんだ」とやる。

ナンバーワンホステスが何故ナンバーワンになるかというと、決め手はルックス以上に「あいづち上手」にあるという。つまり、お客の話の聞き方が格別にうまいのだ。中には30種類以上ものあいづちを巧みに使い分け「へぇ！」「それで？」「そうなんだ！」「すごい！」「とてもいい話！」と、あいづちだけで、次の話へとお客をどんどん誘導していくホステスもいるという。相手の気持ちに合わせて絶妙のタイミングで適したあいづちを打ち、自然な会話の流れを作るところが彼女たちのすごさだ。

そのコツは、あいづちのパターンの使い分けにあるようだ。具体的には、

①同意のあいづち（「はい」「えぇ」など）
②同情のあいづち（「それは、ヒドイ」など）
③驚きのあいづち（「ホントに!?」「すごい！」など）
④次の展開へのあいづち（「それで!?」「次は？」など）

のような手順で、思い切り同意し、思い切り同情し、思いきり驚いたりしながら次の展開へと話を進めていく。

「はい」や「なるほど」だけのワンパターンのあいづちだけでは本気で聞く姿勢は伝わら

ない。数種のパターンで会話の流れを作り、一生懸命聞くことが、あいづち上手・気配り上手の条件なのである。

「話す」と「聞く」のバランスがうまい人のこんなやり方

「会話上手」と言われるのはどんな人だろう。

よく「おしゃべり」と形容される人がいるが、その人は、しゃべることには長けていても、決して会話上手とは言えない。一方がしゃべれなくなってしまうからだ。

人は誰でも話をしたいという欲求を持っている。

「自分自身のことを語り、他人に真剣に聞いてもらうことは、生きていくために食事以上に大切なこと」

と言ったのは、アメリカの精神分析医でＴＡ（交流分析）の創始者であるエリック・バーン博士だが、「話して聞いてもらうこと」はそれほど意味のあることなのだ。

ところが、おしゃべりな人の前では、その「話して聞いてもらう」という大切な欲求が満たされなくなり、欲求不満に陥る。気配り上手は、そんなことで相手にストレスをためさせたりはしない。

どうするかというと、相手にたくさんしゃべらせるのだ。

会話上手は、すなわち「聞き上手」なのである。

試しに、会話上手と思われる人の隣りにでも座る機会があったら、その会話のテンポに耳を傾けてみるといい。きっと、自分がしゃべりすぎない工夫をしていることがわかるだろう。仮に、自分が多くしゃべりすぎたとしても、適当なところで、

「で、○○さんはどう思う?」

「○○について聞かせてもらえますか?」

と相手に水を向けることができる。

たぶん、会話上手な人は、常に自分を客観的に見るクールな視点を持っていて、「おいおい、今はちょっとしゃべりすぎだぞ」と警告を発することができるのだろう。

ある会話術の本には、人と対話するときのベストなバランスは、自分がしゃべる時間が「20パーセント」、相手にしゃべらせる時間が「80パーセント」と記されていた。つまり、自分が2割に対し、相手に8割しゃべらせる。またある本には、「聞くが7割、話すが3割が理想」とあった。つまり、聞くが7〜8割、話すが3〜2割程度になるよう気を配れば、相手の欲求は十分満たされ、人間関係も良好になるということになる。

もちろん話の流れで4：6や5：5のバランスになったり、自分が多くしゃべる時間が出て来るのは仕方がないが、**常に「2：8」から「3：7」程度のバランスを意識すること**で、しゃべりたい自分をコントロールしやすくなる。そして、相手が話しているときは一生懸命聞く、相手の話の腰を折らない、気持ちよくしゃべらせてあげる、という気配りを忘れずに。

会話のプロに学ぶ「視線」の合わせ方、ハズシ方

人の話を聞くとき、決しておろそかにできないのが「目つき」。

「目は口ほどにものをいう」とはよく言ったもので、いくら一生懸命にあいづちを打っても、目が一生懸命でないと「あなたの話に興味なし」、それ以上に「あなたに興味なし」と受け取られてしまう。

そこで、目にも十分な気配りをしたい。

「そうだよね～」と共感したときは共感の目、「ホントに!?」「へ～っ！」と驚いたときは、驚いた目、「それは、ヒドイね～」と同情するときは、同情の目になる。別に難しいこと

ではない。常に、「あなたの話に興味を持ってます」という〝目の力〟を維持し、心からそう思うこと。そのうえで相手の目をしっかり見て話せば、一生懸命さは自然と伝わるだろう。

他人と目を合わせることを「アイ・コンタクト」というが、相手の目を見て話すと、真剣さ、誠実さ、関心、自信、敬意、親しみなどの意思が伝わる。視線を合わせないとその逆の意思表示になってしまう。

ただし、凝視はしすぎないこと。じ～っと見ると相手は萎縮して話しずらくなってしまう。特に、気の弱い人や内向的な人は視線を合わせるのを苦手とする傾向があるため、アイ・コンタクトもほどほどにした方が親切だ。また、男女の場合は、じ～っと見つめ合うと妙な誤解を受ける可能性もあるため、こちらも、視線を合わせるのはほどほどにしたい。

人の目を見て話すときのポイントは二つある。

①あえて両目から鼻の間くらいを見る。

両目から鼻の上の方までの三角ゾーンに焦点を合わせれば、見ているようで凝視はしない目になる。これによって目つきが穏やかになり、相手もラクに話せるようになるのだ。もし、このゾーンを下にはずれても、胸元から上あたりに視線がいっていれば問題はない。

②10秒以上は見続けない。

「ぜひ、お願いします！」

「わかりますよね」

など、なにか強調したいときだけ目で直球をぶつければ、効果的。ただし、直視するときは時間制限を設ける。

心理学のある実験でわかったことだが、10秒以上凝視されると人は不快感を覚え、相手を敵対したり、詮索されているのではないかと疑ったりするのだという。

そこで、じっと見るときはあくまで10秒以内に。

つまり、ほとんどは三角ゾーンに視線を送り、要所要所で直視したり、チラッと視線をはずしたりする。こうして目でも十分語り、心を伝えることができたらアイ・コンタクトは成功。相手に好印象を与え、人間関係もスムーズになる。

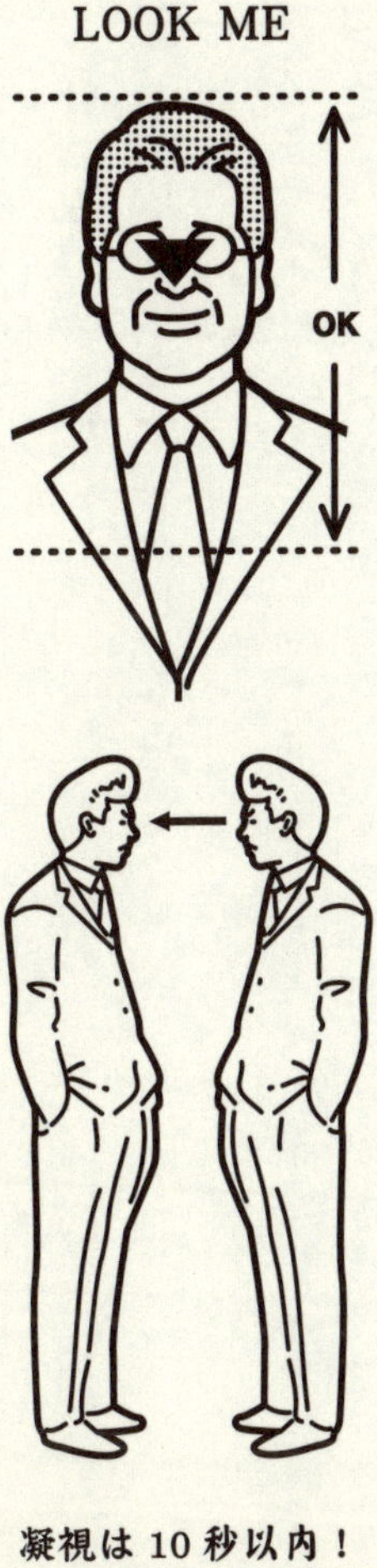

凝視は10秒以内！
(それ以上はキケン)

「自分は嫌い」ではなく「それもいいけどこっちもいいよ」

自分の好きなモノや好きな食べ物について話しているとき、相手から、すぐに「それは嫌い」と否定されると、何だか面白くない。

Ａ「タイ料理が好きなんだ」→Ｂ「私は辛いの嫌い」

Ａ「この間行った渋谷の〇〇って和食屋、すごく美味しかった」→Ｂ「え〜、私はすすめられないなぁ。むしろマズかった」

Ａ「『〇〇〇』って面白いね、一晩で読んじゃった」→Ｂ「えっ、ホントに!?　あの本、最悪つまらなかったけど……」

とくれば、ＡはＢを嫌いになる確率が高まる。人は、自分の話をよく聞いてくれる人、自分を肯定してくれる人、自分と価値観がよく似ている人を好きになるからだ。また、自分の好きな何かを否定されると、自分の存在そのものまで否定されたような気がして落ち込んだりする。人は、たった一言で傷ついてしまうのだ。

「それは嫌い」の一言が争いの発端になることもある。

ある和食店の店員の話だが、ある日カウンターで常連の年配男性が一人で食事をしていた。そこに、やはり常連の年配女性が一人でやってきて男性の隣りに座った。すると、女性は男性の食べているものを覗き込み、

「私、雑炊って嫌いなの」

そのとたん、静かに食事をしていた男性の形相が変わり、店じゅうに響くほどの大声で怒鳴ったという。

「おまえ、失礼じゃないか！　人が機嫌よく食べてるのに嫌いとは何事だ！」

地雷を踏んでしまった女性も負けてない。「それくらいのことで、なによ」とケンカを受けて立ち、しばらく言い争ったあと、男性が店をプイと出てしまった。店員が止めに入ったが、男性の剣幕に圧倒され、為す術もなかったとか。

この通り、相手の好きなものを「嫌い」と言うと、凄まじい人間衝突をまねいてしまうこともある。

人の好みは100人100様なので意見が食い違うことはよくあるだろう。ただし、**相手の好みは真っ向から否定しない**よう気を配ることが、衝突の回避策にほかならない。

相手の好きなものを自分が嫌いでも、まずは「そうなんだ！」「そうだね」と共感したあと、「○○もいいけど、○○もいいよね」「○○も面白いんじゃない？」と自分の好みの

ものを提案するくらいがちょうどいい。

反対意見を上手に伝える「クエスチョン方式」とは？

まず、相手の言ったことを受け入れる。

裏を返せば、決して「端から否定しない」。

前項で触れたように、人間関係をよくするうえで、常に気を配りたいのが、この点だ。人の心理を考えれば当然のことで、誰でも自分の考えは肯定して欲しい、共感して欲しい、という願望を持っている。「同感！」「そうだよね」と言われると単純にうれしくなる。

ただし、何でもかんでも相手の言ったことを「そうだ、そうだ」と肯定出来るものではない。特にビジネスシーンとなると、反対意見を言う必要に迫られることもよくあるだろう。

その場合は、どうするかというと、やはり「肯定的に話す」ように気を配る。簡単なことで、

「はい、確かにそういうこともありますね」

「そういうお考えもありますね」

「おっしゃることはよくわかります」

と**「肯定的前置き」をつけてから、反対意見を述べる**ようにするのだ。さらに言えば、**反対意見は「クエスチョン方式」で言う**。たとえば、A案かB案かを上司と検討しているとき、上司が、

「A案の方が無難だろう」

と言い、部下のあなたが反対意見を述べるとしたら、

「確かにおっしゃる通りです。ただ、B案の方も斬新で面白いかと私は思うのですが、いかがでしょうか？」

と、まず肯定してから相手に答えをあずける要領で質問を投げかける。相手の投げたボールはそのまま受け、変化球を投げ返すわけだ。これだけで、反対意見もソフトな印象になり、相手のプライドも保たれて話し合いがスムーズになるものだ。

反対意見をやや強調したいときは、肯定的前置きをつけたあと、別の人の意見として反対意見を述べる方法もある。

「確かにおっしゃる通りです。ただ、A案だとちょっと物足りないと感じる人もいるかと思うのですが……」

とやる。「私は絶対こう思う」より「こう考える人もいる」というように遠まわしに変化球を投げると、きつい印象がかなり緩和される。

話に夢中になると、つい相手の意見を切り捨て、自分の意見を押し通してしまいがちになる。

これは、相手の心を殺すようなもので、その先には対立が待っている。一にも二にも、**相手を立てて「まず肯定」**と心得ておこう。

相手の間違いをスマートに伝えるための最初の一言

誰にでも間違い、勘違い、思い込みということはある。

政治・経済に強いA君が、現外務大臣の名前を堂々と間違えて言うこともあるし、歴史好きのB君が、有名武将の家臣の名や重要な合戦名を堂々と間違えて言うこともある。

では、相手が自信満々で間違った発言をしたとして、あなたはどう反応するか？

そんなときほど求められるのが、相手を傷つけないための気配り。

「えっ、それ違うよ！」「違うんじゃない？」

と、ズバリ指摘はしないこと。

繰り返し述べてきた通り、人は自分の言動をズバリ否定されることを嫌う。しかも、自信満々の言動を否定されたりしたら、プライドを傷けられ、「コイツめっ」と否定した相手に敵対感情を抱くかもしれない。

もちろん、二人の関係にもよるが、いずれにしろ、「端から否定しない」という姿勢はここでもくずさないことだ。

訂正する必要があるときは、できるだけ**二人になってからそっと言う**。その際も、「違う」という言葉は避け、**肯定的な表現に言い換える**。たとえば、現職大臣の名を間違えたり、合併して変わった銀行名を旧名で言ったような場合は、

「それは、もう変わったと思うけど」

くらいに、やわらげて言う。

あえて「違う」という言葉を使うなら、

「実は、自分もよく間違えるんだけど、本当は……」

と、**自分が間違えたことを強調してみる**のもコツだ。こんなときこそ演技力を発揮。「自分も」と言うことで相手と自分を同レベルにもっていけば、相手の立場を落とさず、感じよく間違いを伝えることができるだろう。

プレッシャーを与える言い方、ゆとりを持たせる言い方

目の前の仕事は山積みだが、そろそろ営業先に出向かなければならない……。そんなとき、同僚や上司から、

「出かけるまで、あと20分しかないよ」

と言われたらますます気があせる。その20分の中で「アレもコレもやらなければ、あっちの社とこっちの社に電話も入れておかないと」とアレコレが頭を駆け巡り、頭の中が交通渋滞になりかねない。「あと20分」に「しか」が追い討ちをかけ、一気に追い詰められていく。

もし、こんなとき、

「まだ20分あるから、あわてないで」

と言われたら、ずいぶん気持ちがラクになるだろう。「そうだ、まだ20分あるんだから、落ち着いて対処しよう……」と。

言葉とは不思議なもので、「しか」「まだ」など、たった二文字の違いだけで印象が明と

暗ほどに変わることもある。言う人の考え方次第で、「出かけるまで20分」という事実が切羽詰った20分にも、余裕の20分にも変わるのだ。

小学生であれば、夏休みの宿題に追われているとき、Ａ「始業式まであと3日しかないよ」と言われるのと、Ｂ「始業式までまだ3日ある」と言われるのとでは、慌て方が変わる。そこで、何としても子供に宿題をやらせたいお母さんなどは、あえてAの表現を使うだろう。

就職を控えた学生であれば、Ａ「卒業までもう1年しかない」とＢ「卒業までまだ1年もある」と言われるのとでは、就職活動へのプレッシャーが違ってくる。

ただし、同じ「まだ」も、使い方次第では一転してプレッシャーを与える二文字に変わる。

「まだ仕事が3割も残っている」

といった表現がそうだ。このケースでは、

「もう7割終わってるから、あせるな、あせるな」

と言われた方がラクになるだろう。

どの二文字を使うにしても、**よほどの緊急事態でないかぎりは相手を追い込むような使い方は避け、明るい視点で言う**気配りをしたい。

「〜でいいです」より「〜がいいです」で印象度アップ！

訪問先などで飲み物をすすめられたとき、コーヒーと紅茶など、いくつかの選択肢を与えられたとしよう。

このとき、コーヒーが飲みたかった場合、

「コーヒーでいいです」

のような言い方をしていないだろうか？　同じ状況でも、気配りのできる人は、

「コーヒーがいいです」

「コーヒーをいただけますか」「コーヒーをお願いできますか」

などのように、答えるだろう。**「で」よりも「が」や「を」を使った方が、印象がよくなる**からだ。たかが一字、されど一字。

「コーヒーでいいです」と言った場合、あまり気は進まないけれど仕方がなくコーヒーにする、という後ろ向きな感じになり、たずねた方は「本当は飲みたくないのだろうか？」「他のものが飲みたいのだろうか？」といらぬ心配をしてしまいがち。

一方、「コーヒーがいいです」「コーヒーをいただけますか」と言うと、好きな飲み物を喜んで選んだという感じになり、たずねた方も喜んで飲み物を出すことができるだろう。

そこで、意識的に頼んだ飲み物のあとに「が」や「を」の一字をあえて使ってみる。

こうした気配りは、さまざまな場面で応用できる。

彼女とデートの相談をしているとき、

「映画にする？　ウチで手料理がいい？」

と聞かれたら、

「手料理でいい」じゃなくて「手料理がいい！」。

あるいは、昼食時、よく行く店でお気に入りのAランチをオーダーしたところ、たまたま品切れになっていたとする。この場合、

「BランチかCランチならご用意できますが」

と店員に言われて、

「それじゃ、仕方ない。Bランチでいいです……」

と答えると、同席した人間まで気が滅入ってしまいそうだ。ここは、気配りをみせ、

「それじゃ、Bランチをいただけますか」

と明るく言ってみる。すると、周囲の雰囲気をこわすことはないし、自分もBランチも

美味しく食べられそうではないか。

相手の長所をほめて喜ばれる人、かえって嫌われる人

次も、たった一字の気配りについての話。

あるとき、Mさんファミリーが、昔撮った娘のビデオを再生して見ていた。娘は現在17歳。ビデオの中のその娘は、ヨチヨチ歩きで誰が見ても口元がゆるむ愛らしさ。

「カワイかったねぇ」

「こんなに小さかったんだ。カワイイ」

「ほ〜んと、昔はカワイかったね」

Mさんも妻も昔を大いに懐かしみ、カワイイ、カワイイ、を連発。

ところが、娘はふくれっ面で、こう主張したのだった。

「〝昔は〟、じゃなくて、〝昔も〟って言ってよ」

「昔は」というと今は可愛くないみたいなので、「昔も」と言って欲しい、というのが娘の言い分だ。以後、Mさん夫婦は、「昔も今もホントにカワイイ」「昔もカワイかったけど、

今もカワイイ」と言うようにしているのだとか。

Mさんファミリーのケースは親子のじゃれ合いといった感があるが、同様のことは、よく起こりがちである。つまり、「〜は」の一字を使うことにより、ほめたつもりがうっかり相手の気を損ねてしまうことがあるのだ。たとえば、

「Aさんは、スポーツはお得意なんですよね」

「Bさんて、肌はきれいですよね」

と、ほめ言葉を送ったとしよう。すると、「えっ、スポーツ以外は取りえがないって言いたいのかい？」と思うAさんや、「肌以外はきれいじゃないと思うわけ？」と、傷ついてしまうBさんがいたとしても不思議はない。

同じ言葉でも相手の性格によって受け止め方は変わるが、日本語というのは微妙なもので、たった一字の使い方で、否定的に取られやすくなる。そこで、**「本当にほめられたのだろうか？」と疑いを抱かせるような言い方は避けた方がいい**。このケースでは、

「Aさんは、スポーツがお得意なんですよね」

「Bさんて、肌がきれいですよね」

のように「〜が」を使ったり、何か前置きがあって、ダブルでほめ言葉を送る場合は、「スポーツもお得意〜」「肌もきれい〜」のように「〜も」を使えばいいだろう。一字を変

えるだけで、相手は素直に「ほめてもらった」といい気分になれるだろう。

もう一つ、女性が髪型を変えたときのほめ言葉にもたった一字の落とし穴がある。

「あっ、髪切った？」「髪型変えた？」

と相手の変化に気づくことはいいのだが、そのあとが問題。たとえば、ロングヘアをばっさり切った女性に対し、

「短い髪が似合うね～」

「うん、ショートがいい！」

と、短い髪を肯定する一言を送ったとしたら、どうか。一見問題なさそうに思えるが、実はちょっと気配りが足りない。「短い方が」「ショートが」と言うと、今の髪型が似合うと言われたのはうれしいが、「前の長い髪は似合っていなかった？」と受け取られかねないからだ。こうした、ほんの一言で揺れ動く女心を見逃してはいけない。

そこで、

「短い髪も似合うね」「うん、ショートもいい！」

と言ってみる。これだと、前のロングもよかったし、今のショートもいいという五分五分の意味合いになる。

ただし今はショートなのだから「うん、ショートも似合う！」と強調して言えば、相手

はきっと満足してくれるだろう。

悪い話をするとき使える「マイナス・プラス法」とは？

Ａ「この商品は高いけれど品質がいい」
「あのお店は高いけれど美味しい」
Ｂ「この商品は品質がいいけれど高い」
「あのお店は美味しいけれど高い」

Ａパターンとパターンのうち、印象がいいと感じるのはどちらか？

二つのパターンに共通するのは、悪い話（マイナス情報）といい話（プラス情報）の両方をワンセンテンスで言っていること。違いは、Ａパターンが悪い話を先にしていい話をあとにする、Ｂパターンはいい話を先にして悪い話をあとにするという点だ。

結論を言うと、印象がよくなるのはＡパターンの方。悪い話を先にもってきた方が、話題になった商品や店のイメージはよくなる。なぜなら、人の心に強く残るのは、最後のほうに聞いた言葉だからだ。

このような話法は「マイナス・プラス法」と言われ、ビジネスシーンでもプライベートでも大いに役立つ。

ビジネスシーンでは、あえてマイナス情報を伝えなければならないことがよくあるが、マイナス・プラス法を用いれば角が立たず、次の前向きな話へと展開しやすくなるものなのである。

もし、これが逆だったらどうか。言われた方の心に悪い話が重く残り、嫌な感じをしばらく引きずることになりやすい。表向きは神妙に話を聞いていたとしても、心の中では「このB社のT課長は、まったくムカつくよなぁ……」と思い、敵対感情を持つ可能性もある。

そこで、何事も悪い話は早めにする。心のベクトルは下から上へを意識する。「終わりよければすべてよし」とはよく言ったもので、終わりの言葉がいいと、人間関係もまるくおさまるものだ。

部下や後輩に何かを注意するときも、短所を先に言って長所をあとに言うように気配りをしてみよう。

「B君は時間にちょっとルーズだけど、物の見方はとても面白い。期待してるよ」というように。

心理学のある実験によると、

①最初にホメてから、後でけなす。
②最初から最後までけなし続ける
③最初から最後までホメ続ける
④最初にけなしてから後でホメる

のうち、最も好まれたのは、④、最も嫌がられたのが①で、二番目に嫌がられたのが②、二番目に好まれたのは③だったという。

そこで、人をほめるときも、叱るときも、④の手順で話をする気配りを。

最後にちゃんと救いの言葉があれば、悪いことを指摘されても、人は「よ～し、がんばろう！」という気持ちになれるものだ。

服装をほめるなら、「具体的に言う」ほうが伝わるワケ

「わぁ、素敵なネクタイですね」
「そのスーツとても似合ってますね」

こんなふうにほめられたら、たいていの人は機嫌がよくなる。

最近は、お洒落に気遣うビジネスマンも増えているが、そんな人ほど、新しいネクタイやスーツを身に付けたときに「誰か、見てくれないかなぁ」「気づいてくれないかな」と心の奥底で願っていたりするものだ。そんなとき抜け目なく新作を発見してもらったら、気分はハイに。

「よ〜し、もっとお洒落してみよう！」

こうして相手をうれしくさせるほめ上手は、気配り上手に他ならない。

ここでは、もっと気配り上手になる服装のほめ方のコツを伝授しよう。といっても簡単なことで、できるだけ**具体的にほめる**。

実は、冒頭のほめ言葉は、具体的にほめるという視点でみるとあと一歩。では、どう言

えばいいかというと、たとえば、ネクタイをほめる場合は、

「ストライプが爽やかで素敵ですね～」

「とても上品な赤ですね」

「今日の濃紺のニットタイ、シャツによくお似合いですね」

スーツなら、

「紺系がよくお似合いですね」

「夏らしいさわやかなスーツですね。ネクタイの色ともよく合ってます」

のように、具体的な一言を加えてみる。

つまり、ほめた理由を一言述べるということ。単に「素敵ですね」「似合いますね」だと、「お世辞かな？」と受け取られかねないが、具体的であるほど、よく見ていること、本心からほめていることが伝わり、「ホントにいいと思ってくれたんだな」と相手の満足度が増すものだ。もちろん、女性社員の服装やメークをほめるときも、できるだけ具体的に言う。

気配り名人は、**他人の小さな変化に敏感なアンテナを張り巡らし、自分が本当にいいと思ったことだけを、口に出して言う、そして惜しみなくほめる**。そこがポイント。ちょっとしたほめ言葉を積み重ねていくと、自分にもほめ言葉のお返しがたくさん返って来るだ

ろう。

誰もがほめるポイントより、意外な長所を見つけてほめる

英会話教師に「さすが、発音がきれいですね」とほめても、ベテランの考古学者に「土器の知識が豊富ですね」とほめても、相手はさしてうれしくはないだろう。

パーティーの席上で人目をひく美人に「おきれいですね～」「スタイルがいいですね」とほめた場合も同じで、大いに喜ばれるとは思えない。なぜなら、さんざんほめられ慣れている内容だからだ。誰もが気づくあたりまえの長所をほめても、相手はそのほめ言葉に免疫があるため、心にあまり響かない。

ほめられれば、もちろん誰だってうれしいが、気配り上手は、長所をほめるときにも一工夫をこらし、もっと喜ばせようとする。

和装の似合うあるベテラン女優は、たくさんの人に

「着物がよく似合いますね」

と言われ慣れていたという。そこで、和装にはかなり自信を持っていたはずだ。ところ

が、あるとき、有名な映画監督から意外なほめ言葉を送られた。

「目の使い方がとてもうまいね」

この初めて言われた一言は、彼女の女優人生を変えるほど励みになったという。目の使い方は演技力を決める大切なポイントであり、そこをほめられたことで自信がついたのだ。そのおかげで、女優としてやっていけるのだろうか、という迷いも吹っ切れたというのである。

このように、**本人も他人もなかなか気づかない長所をほめると、そのほめ言葉は相手に強烈な印象を残す**。あまりピントはずれなことを言っては逆効果だが、常に相手の意外な魅力を探すクセをつけておくと、手垢のついていないほめ言葉を上手に送れるようになるものだ。

たとえば、パーティー会場で人目をひく美人には「おきれいですね」より「あなたの言葉、ウィットに富んでますね」、発音のきれいな英会話教師には「洋服のセンスがとてもいいですね」、かわいい人には「かわいい」より「知的ですね」というように、常に別の角度から人間観察をし、新鮮なほめ言葉、意外なほめ言葉をあえて使ってみる。

とっさのほめ言葉に喜んでもらえたら、こちらもうれしいではないか。

「いくつにみえます?」と聞かれたときの正しい答え方

話の成り行きで、

「いくつに見えます?」

そう聞かれて、返答に困ることがある。特に相手が女性の場合、「実年齢より上に言ったら気を悪くされるぞ」と余計な気配りが働き言葉に詰ってしまうものだ。

一定年齢を超えた人のほとんどは、実年齢より若く見られたいという願望を持っているが、問題は、その実年齢。意外と予測が難しい。

たとえば、電車に乗って向かいのシートに座っている女性の年齢を推測してみるとしよう。

10代か、20代か、30代か、くらいの大まかな年齢はイメージできるが、よくよく見ると、20代半ばの顔をした高校生もいるし、厚化粧の壁にはばまれて年齢不詳という人もいる。30代に見えてもその前半か後半か予測不能というケースも少なくない。

人の年齢当ては困難を極めるが、とりあえず見た目年齢30歳以上の人に「いくつに見えます？」と聞かれたら、ちょっとさば読んで若めに言う気配りはしたい。たとえば、実年齢「35歳」と直感したら、3歳くらい下の「32歳」と言ってみる。

40歳以上と直感した場合は、さばを読む年齢も多少上乗せし、4～5歳を目安とする。つまり「43歳」とひらめいたら「38歳」か「39歳」くらいに言う。その人はきっとうれしくなり、家族や友人に、

「この間30代に見られちゃって」

と報告するだろう。

ただし、女性誌でもよく特集しているように「老け顔」の人というのはいる。

万が一、実年齢当てに失敗し、さば読んで「38歳」と言った人の実年齢が「36歳」だったとしても、決してあわてないこと。間違っても「ごめんなさい」などと謝ってはいけない。

そこは冷静になって気持ちを建て直し、「落ち着いた感じに見えたので」「大人の色気がありますよね……」とかなんとか苦しくてもフォロー。本当はもっと若いと思ったけれど、あくまで雰囲気が落ち着いて見えたために上の年齢を言った、ということを強調する。

いずれにしても、年齢については聞かれたときだけ予測し、自分から問いただすことはしないのが気配り。ただし、「若いですね」という言葉は、思った都度言って問題なし。

「若い」という言葉はいつでも大歓迎という大人がほとんどだからだ。

先輩の携帯ストラップや文具類など所持品が若いと感じたら「若いですね～（または、お若いですね）」。

発言が若いと感じたら「発想が若いですね～」。

食べ物の好みが若いと感じても「若いですね～」。

こうして**「若い」の言葉のシャワーをたくさん浴びるほど、本当の見た目も心も若返っていく**ものだ。

「だって」「どうせ」「でも」…使い方に要注意の言葉一覧

「え～と」「ちょっと」「あのぉ」といった不必要な前置きを連発する人がよくいる。

無意識のうちに口から出て来る会話グセの一つなのだろうが、聞くほうは少々耳障り。

テレビでスポーツ中継の解説者などがこれをやると「番組担当者が注意してくれないものかなぁ」と思ってしまう。

こうした会話グセは当の本人は意外とわからない。自分は大丈夫と思っていても、人に指摘されたり、録音した自分の話し声を聞いたときに「あれぇ、そうだったんだ」と初めて気づくものだ。

さて、この〝前置き言葉〟の中でも、とりわけ人を不快にさせるのが「どうせ」「でも」「だって」など、否定的な言葉とつながる一言だ。

「どうせ、私なんか……」

「でも、どうせダメ……」

「どうせ、今さら」

「だって、〇〇だっていったじゃない」

「だから、ダメなんだ……」

という具合で、流れは自然と否定的な方へ……。聞いただけで心はダウンし、険悪なムードが漂ってきそうではないか。

会話術のプロの中には、「でも、どうせ、だって、だけど、だから」のようなDで始まる言葉に警告を発する人もいるほどだから、その使い方には要注意。

そもそも口グセというのは親に強く影響を受けるようで、否定的な言葉をよく聞いて育った子供は否定的な言葉をよく発するようになり、人を認めたがらない人間になりやすいという。

その人は、「でも」「だって……」と相手の意見に逆らうような前フリをよく使いながら、周囲のムードを知らず知らずのうちに重くしていくだろう。

そんな暗いムードづくりに手を貸さないためには、**自分の話し方のクセを知る**ことがまず第一。そして、**否定的な方向に流れる言葉とは極力縁を切っていく**ことが、話し相手への気配りということになる。

話題選びで失敗する人の意外な共通点とは？

何か嫌なことがあった、おいしくないものを食べた、嫌な人と会った、という否定的な話題はその場を重苦しくする。

「昨日見たビデオ、つまんなかった」
「渋谷の○○で食べたパスタがすごくマズかった」
「うちの部長って、ヒドいんだ」
「疲れた……」

嫌な事をどんどん言って発散するのはいいのだが、相手にも不快な気分が伝染したら、その人は正真正銘の気配りベタと言える。口を開けばグチが飛び出し、会うだけで気が滅入ってしまうような人が、あなたの周辺にも一人や二人いるのではないだろうか。

気配り上手な人は、話題を選ぶとき、とりあえず次のことに気遣うだろう。

「つまらない」よりは「面白い」話。
「まずい」より「おいしい」話。
「悲しい」より「うれしい」話。
「ダメ」より「いい」話……。

といっても、１００パーセント肯定的な話題を選ぶのは不自然だし無理。そこで求められるのが、**否定的な話題と肯定的な話題を上手にミックスしながら会話を盛り上げていく**気配りである。

たとえば、まずかった料理の話も怒りながら話すのでなく、お笑いネタとして提供する。気配りのない部長の話もグチではなく笑い話にする。また、つまらないビデオの話をしたら、「でも、○○は面白そうだから今度借りよう」と、面白そうなビデオの話につなげる……。こんなふうに、会話は料理の腕一つ。つまり、気配り次第だということ。結果、相手の心の中に「面白い、楽しい、うれしい」というプラスの感情がたくさんもたらされれば、会話の味付けは成功。笑顔が出れば、場は決して重苦しくはならない。

単純だけど、「大丈夫だよ」の一言が心に響く

人間ドックや健康診断の結果を聞きに行き、「ここの数値がちょっと……」と数値の赤信号を伝えられたとたん、本当に具合が悪くなってしまったという話をよく聞く。

その逆もあり、お医者さんに「問題ありませんよ」と言われたとたん、気になっていた症状がパタッと消えてしまったというケースもある。「病は気から」とはよく言ったものである。

そこで、人の体調について口にするときは注意しなければならない。たとえば、上司に、

「最近、あんまり食欲がないんだ。なんだか疲れやすいし……」

と打ち明けられたとき、

「やっぱりそうですか。最近何だか顔色が悪いので気になってたんです……」

と不安を煽るような言い方をするのは気配りに欠ける。

「ちょっとヤセましたね」「辛そうですね」「お疲れのようで」

なども、気をつけたい言葉だ。

もちろん、顔色が真っ青で冷や汗タラタラという状態では、緊急事態と判断。「一刻も早く病院に行った方がいいですよ」とアドバイスするのが常識だが、そこまで深刻に見えなければ、

「大丈夫ですよ。気のせいじゃないですか？」

「顔色もそんなに悪くないと思いますよ」

と、**あえて安心させる一言をまず送る**のが気配り。

体調不安を訴える裏には、自分の今の状況をわかって欲しいという思いと、「気になりませんよ」「大丈夫」という言葉への期待が込められていることが多い。その期待には応えてあげること。それこそ「病は気から」で、あなたの一言でその人は俄然元気を取り戻すかもしれない。

体の異変は、本人がいちばんよく知っている。本当に辛ければ病院に行くだろうし、もっと身近な家族が病院に行くように説得するだろう。そこで、身内以外の関係者は、まず言葉で勇気づける。それがいちばんの役割と考えて、元気が出る言葉を選んで送ろう。

同じ理由から、久しぶりに会った人に、

「太った？」「やせた？」「ちょっとやつれたね」「老けた」

など、気にしていそうな体の変化をストレートに言うのは気配りベタと言える。気配り

できる人は、多少、見た目とギャップがあったとしても、「元気そう」「若いね」「変わらないね」など、**相手が喜ぶプラスの言葉を送る**だろう。自分が言われて嫌だな、と思う言葉は喉元まで出ても止めておくことだ。

自慢話をするときに付け加えたい話の「デザート」

孫の自慢をしているときのおじいちゃん、おばあちゃんは、とても雄弁になる。

「ウチの孫の○○ちゃんは、ピアノがうまくて、とてもやさしくて、成績もよくて……」

こうした孫自慢はおじいちゃん、おばあちゃんの健康法の一つでもあるから、大目に見てもらえるだろう。しかし、働き盛りの人間はそうもいかない。

「ちょっと最近、稼ぎすぎちゃってサ」

「企画が当たって、今や飛ぶ鳥を落とす勢いだよ……」

このように、一方的に自慢話をする人の周辺からは人がさっと引く。同僚からはけむたがられ、友達からは冷ややかな視線を浴びせられ、結局あまり好かれない。

私たち人間は自慢が好きな生き物だが、過度の自慢話は反感や嫉妬心を呼び込むため、控えめにしたほうがいい。実は、あなたの自慢を素直に喜んでくれるのは、家族や恋人くらいのもの。まずそのことを自覚し、どうしても他の人に自慢したいときは、反感を買わないように気配りをすることだ。

コツは、自慢話の前に一言、

「とってもうれしいことがあったから、聞いてもらえるかな?」

のように、**「あなたに、ぜひ聞いてもらいたいことがある」ということを強調する前フリをつける**こと。一通り自慢話をしたら、最後に、

「忙しいのに、聞いてくれてありがとう」

と**感謝の気持ちを添える**。料理でいえば、自慢話というメインに、前菜とデザートに当たる言葉をつけるわけだ。

すると、相手の心の中では一方的に話を聞かされたという嫌悪感よりも、自分にだけ特別話してくれたという優越感が勝ってくる。しかも、ただ聞いただけで感謝もされたら、きっと気分がよくなり、

「ホントに、よかったね」

とあなたの成功体験に共感してくれることだろう。

さらに気配りを働かせるなら、デザートに「失敗談」も加える。

一般的に喜ばれるのは自慢話より失敗談の方。人は、他人の情けない話や赤っ恥話が大好きだ。そこで、**自慢話をしたあと、失敗談や苦労話を添えれば、中和を図ることができる**だろう。

これは会話の原則。動物性の食物を摂ったときは植物性の食物もたっぷり摂った方が体のバランスがとれるが、会話も同じ。対極にあるものを合わせることで印象がぐっと良くなるのである。

たとえば、あなたがついに憧れのベンツを購入したとする。さっそく誰かに報告したい。まずは、朝一番で会社の同僚にその話をするとしたら、まず、

「ちょっといいことがあったんだけど聞いてくれる?」

と切り出し、ベンツがいかに快適かを報告する。一通り話し終えたら、

「でもね、買ったはいいけど、維持費は高くつくし、盗難に神経を使わなきゃいけないしかえって疲れるよ……」と、マイナス要素を添えたり、「慣れないからドアに手を挟みそうになっちゃった」という失敗談も添えれば、かなりいいバランス。情けない話で相手が笑ってくれたら、しめたものだ。そして最後に、

「なんだか自慢話ばかりしちゃったみたいだけど、うれしくてつい。聞いてくれてありが

とう」
で締め括る。会話上手と言われる人は、話題の引出しが多いが、失敗談も引出しの中にぎっしり詰まっている。自慢したいとき、その失敗談が活きてくるものだ。

他人の自慢話は イヤな顔をしないで聞いたほうがいい理由

自慢話をしたい人はたくさんいても、自慢話を進んで聞きたがる人は少ない。その証拠に、周囲の人間が自慢話を始めたらどうするかと問うと、
「適当にあいづちを打って聞き流す」
のように答える人が多い。つまり、「聞いたフリ」作戦に逃げるというわけだ。

前項のように、自慢話の前後に気配りできる人は、話をちゃんと聞いてもらえる可能性が高いが、気配りゼロだと無理。ただ一方的に自慢して、反感を買って終わり……と、なんとも淋しい人間関係が見えてくる。

この場合、自慢話をする方ももちろん、聞く方も気配りベタである。

実は、真に気配りできる人は、聞くフリで無駄な時間を過ごすことはしない。その代わ

り、相手に上手に自慢させるだろう。

「あっ、この人、自慢したいんだな」とピンときたら、存分に自慢できるように誘導していく。たとえば、酒席で上司が自慢モードに入ったと感じたら、ここぞとばかりにサービス精神を発揮。一生懸命に聞き、感動し、どんどん質問する、という相手が喜ぶ「聞く姿勢」に撤するのである。

「実家が、けっこう資産家なもんでね」

ときたら、

「へえ、すごいですね。○○さんて、お父さんもおじいさんも、お医者さんでしたっけ?」

「そういえば、実家がめちゃくちゃ広いって聞きましたよ」

と、まず知ってる情報を並べ、セレブの暮らしを取材するくらいのつもりで、どんどん質問していく。すると相手は、

「いやぁ、それほどでもないけど、確かに、実家に住んでる頃は隣人の音が気になったことって一度もないかな。今の女房を最初に実家に連れて行ったとき、驚かれちゃってね……」

と、自慢の核心部分にどんどん迫っていくだろう。そうなると、自分の知らない世界を垣間見ることができるし、相手も上機嫌になる。そして、一生懸命話を聞いたあなたの株

は間違いなく上がる。

サービス精神を発揮して聞き方を変えれば、自慢話も身になるものだ。

失敗した人へ何よりのプレゼントは自分の「失敗談」

部下が仕事でミスをして、ひどく落ち込んでいるとき、

「もっとがんばれ」

「人生にも仕事にも失敗はつきもの。失敗はその人の糧になるんだぞ」

などと励ましても、部下の心は晴れないだろう。失敗したばかりの当の本人はショックの只中にいるのだ。そんなときは、「失敗が糧になる」という先人の言葉も空虚に響くだけ。では、先輩はどんなふうに気を配ればいいのだろう。

ここで**いちばんの良薬になるのが、自分の失敗談**である。

部下がミスの対処法に困っていたのなら、まず話を聞き、

「早速詫び状を書きなさい」

「謝罪するなら、少しでも早いほうがいい」

など、自分の体験から思いつく限りの具体的な対処法をアドバイス。これにあわせて、自分の失敗談を贈るわけだ。たとえば、

「そういえば若い頃、君と同じような失敗をしたっけ……」

「みんなやる失敗だから、大丈夫、大丈夫」

と、自分の失敗の中身や、そのときの対処法を話して聞かせる。同じような失敗談がなければ、それ以上の特大の失敗談を贈る。誰だって、思い出すと今でも背筋が寒くなるような、または赤面してしまいそうな失敗談のいくつかは必ずあるはずだ。

たとえば、得意先との打ちあわせ日を1日間違えてしまい、しばらく出入り禁止になった話。大切な仕事のファイルを電車の棚に置き忘れ、結局出てこなかった話。海外出張先でパスポートを落として帰れなくなった話……。

その失敗談がカッコ悪いほど、情けなくて笑えるほど、

「先輩もそうだったんだ」「誰だって失敗するんだ」

と部下も安心し、曇っていた心が次第に晴れていく。

失敗談を具体的に披露するのは、失敗した部下から、後日「何とかなりました」と報告を受けたときでもいいだろう。「よかったなぁ。一段落したなら、メシでもどう?」と誘い、食事や酒の席で失敗談義をして一緒に笑う。すると、部下も自分の失敗が可笑しくな

ってくる。**失敗を笑えるようになったとき、初めて「失敗は人生の糧になる」という言葉を噛み締める余裕も出て来る**はずだ。

部下の失敗にかぎらず、落ち込んでる人がいたら、「実は私も……」と、失敗談を披露してみよう。相手は救われた気がして、あなたにますます親近感を抱くだろう。

失敗談は、どんなときでも人間関係を良好にする良薬として働く。失敗をさらけ出せる人は「おまえバカだなぁ」「ホント、マヌケな奴」と言われながらも愛されるのだ。

ところが、不思議なもので、これとつい逆のことをしてしまうのが人間である。つまり、失敗談より自慢話に走りやすいのだ。自分をカッコよく見せたいし、失敗は恥だという思いがそうさせるのだろうが、もうおわかりの通り、失敗談が人間関係にとってマイナスになることはほとんどない。

気配りできる人ほど、絶好のタイミングで最高の失敗談をプレゼントできるものである。

同じ話を聞かされたときのうまい対処法

（あれっ、その話、前にも聞きましたけど……）

誰にでも、そんな体験があるはず。

同じ話を2度、3度と聞かされるのは正直言って退屈だが、だからといって、

「その話、もう聞きました」

「何度も聞いた話ですよ」

と、応じるのはよほど親しい関係でもないかぎり角が立つ。また、親しい間柄であっても、せっかく盛り上がった会話に冷水をかけるような行為だ。

それがわかっているから、気配り名人は2度であろうと、3度であろうと、それ以上であろうと相手の話を拒否せずに聞く。同じ話を何度もするということは、その人にとってよほど重大か印象的な出来事なのだろう。だからこそ軽視せず、初めて聞いたフリで応じるのだ。しかも、

「へ～、そんなことが!?」

「すごいですね」

と驚いたり、感動したり、自分の感情を相手に返しながら聞く。

ただし、単に印象を返すだけだと、相手が同じ話をする度に同じ相槌を打つ、というワンパターンの展開になりやすい。そこで、聞き方を少し変えてみる。

野球にたとえるなら、相手はピッチャーであなたはキャッチャー。もし同じ球質のボー

ルが2度投げられたのなら、返球の球質に変化をつけてみる。たとえば、上司が前にしたことのある入社当時のエピソードについて語り出したとする。最初に、その話を聞かされたときに、もしあなたが、

「へ〜、そんなことがあったんですか」

という程度の軽い反応しかしなかったのであれば、今度は、

「その頃の○○さん、先輩の女子社員にけっこうモテてたって聞きましたけど」

「当時は、まだ旧社屋でしたね。今とは全然違ってたんでしょうねぇ」

と、別の角度から質問を投げかけてみるのもいい。すると、前とはひと味違った方向に会話が展開していくだろう。もし、会話の途中で、

「あれぇっ、もしかしてこの話、前にしたことなかった?」

と、相手が気づいたとしても、「ええ、実は……」なんて言わないで、

「聞いたような気もしますが、面白い話は何度聞いてもいいです」

のように応じると、相手はうれしくなる。

こうして、**気配り上手な名キャッチャーは、ピッチャーの投げた同じ会話を上手に料理していく。**

「噂話」の輪に入ったときの カシコいふるまい方

喫茶店や居酒屋などで、盛り上がっている隣りの集団の話題を聞くとはなしに聞いていたら、その場にいない人の批判だったということがある。

「○○部長は、人に仕事を押し付けることばかりうまくて困るよ」

「○○さんて、言うことがコロコロ変わるからなぁ……」

「ホントにそうだよね！」

このように悪口や噂話で連帯感を覚えるというのは淋しいかぎりだが、現実にはよく見られる光景である。つまり、社会生活を送っていると、嫌でも悪口や噂話の輪に取り込まれてしまうことがあるのだ。そんなとき、

「ねえ、○○さんもそう思わない？」

「おまえ、どう思う？」

と悪口や批判に対する同意や意見を求められたとき、あなたはどうするか？　輪の中心にいる人物は、こちらがだんまりを決め込もうとしても水を向けてくるものだ。ここで、

「そうだねぇ」

なんて同意してしまうと、

「○○さんもそう言ってたよ」

と数日後には批判された本人の耳に入ることにもなりかねない。すると相手は傷つくわけだから、批判の同意や噂話への参加は気配りに欠ける行為だといえる。もちろん、言った自分もあと味が悪い。

ただし、「そんなことない」「あの人はそんな人じゃないよ」と強く反論すれば噂グループと敵対し、場がしらけてしまったり、かえってその話題がエスカレートしてしまう可能性がある。

血祭りにされた本人の立場になって考えてみれば、自分の噂話などいち早く切り上げて欲しいはずだ。そこで、あえて強い反論はやめ、その人のちょっといい話をしてみる。

「よくわからないけど、○○さんて○○なところはいいよね」

肯定的な話から入り、さらに話題の軌道修正を試みる。

「そんなことより、昨日のサッカーの試合見た?」とか、「ところで、この料理……」とまったく違う話題にふることができればベターだ。

もしも、同意や意見を求められたのでなければ、タイミングを見計らっていきなり「そんなことより」「ところで〜」と別の話題を切り出してもいいだろう。**噂の輪の中に入ったら、少しでも早くその話題から抜け出すための気配りを。**〝脱出〟がうまくいかなければ、とりあえずトイレに立ったり、電話をかけに行くなどしてその場を離れる工夫をしてみよう。

話をソフトに見せる「クッション言葉」の効用

人に何かをお願いしたりお願いされることはよくある。

たとえば、初めて訪問する会社の地図をＦＡＸで送信してもらうような場合、お願いするときの言い方はいく通りか考えられる。

①「会社の地図をＦＡＸで送ってください」
②「会社の地図をＦＡＸで送っていただけますか？」
③「お手数をおかけいたしますが、会社の地図をファクシミリでお送りいただけますでしょうか？」

この3通りの言い回しを比較した場合、①よりも②、②よりも③の方がていねいな印象になることがわかる。①の「～ください」は命令形なので、威圧的な感じがして受け入れづらい。つまり、相手を不快にさせるお願いのし方と言えるだろう。

②と③は依頼形なので印象はソフトになるが、③は「お手数をおかけいたしますが」の一言が入ることでさらにソフトな感じに。お願いされる側の心理をイメージすればわかる通り、快く応じたくなるのはやはり③の言い方だろう。

印象をやわらげる言葉を「クッション言葉」というが、クッション言葉を意識的に会話の中に入れることは、まさしく相手に対する気配りである。

クッション言葉は同じ願い事を「快」にも「不快」にも変える力を持っているため、甘く見てはいけない。あえて一言入れることで相手に対する気づかいを示せば無理なお願いもソフトに伝わり、相手も「協力しよう」という気になるものだ。

他によく使われるクッション言葉といえば、「恐れ入りますが」、「失礼ですが」、「申し訳ございませんが」、「お差支えなければ」など。

電話で、担当者の不在を伝えるときも、

①「山田はただいま外出中です」

と言うのと、

②「申し訳ございませんが、山田はただいま外出中です」

と言うのとでは、受け手の印象は変わる。

「申し訳ございませんが」というクッション言葉を入れるかどうかの違いだけだが、この一言がないとつっけんどんできつい印象だし、入るとそれだけでソフトになる。

　相手の気分を大いに左右するクッション言葉のマジック。最近はこのクッション言葉を使う人が少なくなっているが、人間関係を円滑にする簡単なツールとして大いに活用していきたいものである。

しゃべりすぎるほど、人間関係がゆがんでいくケース

「○○社の○○社長は、実は父の友人でしてね」

「作家の○○さんは、大学時代同じサークルにいまして……」

「タレントの○○さんとはよく飲みに行くんです」

　と、有名人や業界の大物と知り合い、ということを自慢気に口にする人がいる。その人は、大物の名前を出すことで自分を大きく見せたい、重く見せたいという心理が無意識のうちに働いているのだろう。ところが、実際は本人の願望とは逆の方向に働く。

話を聞く方は、

「へ～、すごいですね」

「ほ～、それはそれは……」

と言いながら、「だからどうした？」と思っていることの方が多いのだ。しかも、有名人の名前をよく出す人は、同じ相手に同じ話を何度もするというクセがあり、聞いた方は、「だからどうした？」を超えて、「またか……その話はもう聞きました」と思うようになる。

しかも、「(有名な)○○さんの奥さんは(有名な)○○社の令嬢でね」とダブル有名人の話に展開すれば、聞く方は心底うんざりしてくる。

結果、言えば言うほど、有名人の名前を連呼すればするほど、その人の存在は、相手の中で小さくなる、そして軽くなるというわけだ。

こうした聞く側の心理を知れば、しゃべりすぎない気配りが大切だということがわかる。

もちろん、話の流れによっては有名人の名前を出した方がいいこともある。相手が「○○社の○○社長に興味がある」というのなら、「実はその社長は父の友人で……」と切り出すのは自然だ。また、ビジネスの上で、大物の知人を相手に紹介するような場面もあるだろう。これも自然。

問題は、必要がないのにやたらと会話の中に知っている大物の名前を差し挟み、(こんな人知ってて、すごいでしょ?）という素振りを見せることだ。すると、相手は多少の差はあれ不快感を覚える。しかも、「○○さんは親戚と確執があってねぇ」「以前はお金に困って借金が膨らんだこともあるのさ……」と、自分が知っている有名人のよくない裏話まで語り出せば、相手はさらに不信感さえ募らせる。

しゃべりすぎるほど人間関係がゆがんでいくしくみがおわかりいただけただろうか。

有名人や大物の名前は、あくまで会話の自然な流れの中で登場させ、相手を楽しませるために使う程度が好ましい。そのように気配りすれば、しゃべりすぎて友達を無くすこともない。

自分が知っていることを相手が知らないときの気配りとは

「〝バカ〟の語源は、サンスクリットの〝摩訶〟だって知ってるよね……」

なんて話はあまりしないだろうが、たとえばの話、そんなとき相手が、

「へ～、知らなかった。ところでサンスクリットって何だったっけ?」

と言ったとして、

「へ〜、知らないんだ!?」

のように反応する人は、気配り人間とはいえない。これだと、「そんなことも知らないなんて、おまえ無知だなぁ、バカだなぁ」と暗に言っているのと同じ。すると相手は傷つき、あなたは嫌われるという面白くない結末が待っている。

こんなときは、一段下がって相手に歩み寄るのが、気配り人間の知恵。それこそ、あえてバカになる。バカのフリをする。

どうするかというと、相手が、「へ〜、知らなかった」と言ったら、

①「あっ、実は最近聞いたばかりなんだけどね……」

②「詳しい人に聞いた話なんだけど……」

と一言を添えて、自分も詳しいわけではないが、たまたま知ったというニュアンスを込める。そのあとに、「サンスクリットは古代インドの文章語で、般若心経の『摩訶般若波羅蜜多心経』の摩訶が〝バカ〟になったんだってサ……」とアレコレの説明を続ければよい。一言添えるだけで、相手と目線の高さが同じになり、あなたは自慢話をする人ではなくなり、ためになる情報をくれる人になる。相手も喜び、あなたの好感度も上がるというしくみだ。

これができてこそ本当のバカ。

実は、バカの語源の「摩訶」には「とりとめもなく偉大な」という意味がある。英語で言えば「great=グレート！」。つまり、本当のバカになれる気配り人間は、偉大なる知恵者、本当は利口な人と言えるのだ。

人と会話をしていれば、自分が知っていて相手が知らないという場面にときどき遭遇する。もちろんその逆もあるが、自分が知っていたときこそ、本当のバカの出番。

名著とされる本を相手が読んでいない、話題の映画を相手が見ていない、世界的に知られる名言を相手が知らない……。こんなときも、

「え〜、読んでないんだ」「え〜、見てないんだ」「有名な言葉なのに、知らないの!?」

などは禁句。

「この間、たまたまヒマで本を読む機会があってね」

「この間、先輩と飲んだときに聞いた言葉なんだけど……」

と、**自分も知らなかったフリで同じレベルで話が出来るようにもっていく**。こうして本当のバカになれたら、相手との関係はきっとうまくいく。

Step3
デキる人の「仕事とオフィス」の気配り

あえて「マナー」の基本を無視したほうがうまくいくワケ

4月のとある日の昼下がり。異常気象が続く折、その日は急激に気温が上がって、初夏を思わせる陽気になった。商談のため、都内の某社を訪れたA氏は、流れる汗をハンカチでぬぐいながら受付へ。さっそく秘書の案内で応接室に通された。

間もなく重役があらわれると、秘書が次のように尋ねた。

「コーヒーになさいますか？　紅茶になさいますか？」

颯爽としたスーツ姿の見るからに有能そうな女性。さすがに応対が丁寧だ。

「コーヒーをお願いします」

とA氏。すぐに秘書は応接室を離れたが、そのあと重役からちょっと意外な言葉が飛び出した。

「ダメだなぁ。もっと気をきかせなきゃね……」

重役の言い分はこうだ。お客さんが暑そうにしているのだから、「冷たいお茶がいいか、熱いお茶がいいか」を尋ねるくらいの配慮が欲しい。気候も気温も日々移ろい、お客さんの体調も日々変わる。お客さんの好みもさまざまだから、出す飲み物もそれに応じて変えていくことが真の気配りだというのである。

一般的なビジネスマナーでいうと、「最初に日本茶を出し、対応が長引きそうなら30分以上たってからコーヒーか紅茶を出すのがよい」とされている。しかし、**あえて一般的なビジネスマナーを離れなければ、**

本当にお客さんの飲みたいものをサービスすることはできない。前述の秘書の場合、コーヒーか紅茶の選択肢を用意した点はよかったが、あと一歩。吹き出す汗を拭いながらやってきたお客さんに対しては、

「冷たい飲み物がよろしいですか？」

「冷たい飲み物にしますか？　温かい飲み物にしますか？」

と聞いてみることがもうワンランク上の対応といえよう。

聞くタイミングを逸して商談がすぐ始まった場合は、お客さんの気配から心の中を読み取るようにする。また、「自分だったら何が飲みたいか？」も具体的にイメージしてみる。

追加の気配りとして、

①汗をかいているお客さんには、お茶と一緒におしぼりも出す。

②最初に出した飲み物と同じものは次に出さない。２回目以降に出すお茶も、お客さんの様子や室温と相談しながら決める。たとえば、冷房が効いた部屋では、体が冷えてきた頃合を見計らって温かい飲み物を出す。

③よく訪れるお客さんなら、飲み物の好みをリサーチし、コーヒーが好きな人

にはコーヒー、紅茶が好きな人には紅茶、というように、好みを優先させる。

④商談が長引きそうなら、ハーブティーなど一味違った飲み物で変化をつけてみる。

⑤夕方に来社したお客さんには、想像力を働かせ、ハーブティーをはじめ最初から変化をつけたサービスをしてみる。

ここまでできたら「気配り王」の名も欲しいままにできそうだ。

もちろん、美味しいお茶を入れる気配りも欠かせない。熱いお茶の場合、あらかじめ茶碗に熱い湯を注いで温めておくなど、少しでも美味しくする工夫をしてみる。

なごめる一杯の美味しいお茶は、会社や家庭の印象を左右するだけでなく、時にビジネスをよい方向に導くほどの影響力を持っている。だから決して侮らないこと。

ビジネスに適した〝人と人の距離〟は1・2メートルと心得る

人は誰でも縄張り意識を持っている。「パーソナルスペース」つまり〝個人空間〟を無意識のうちに維持しながら行動するものだ。

その証拠に、満員電車などで他人との距離が取れないと不快になる。人を待っているときや電車を待っているとき、他人が自分のすぐ近くに立つと、さっと離れたくなるし、近づきすぎる相手に対しては「あっちへ行ってくれないかなぁ」と思う。

そこで、常に気を配りたいのが、このパーソナルスペースだ。

ビジネスにおいては、快適なパーソナル

スペースは1・2メートルが平均的。特に、初対面の相手と挨拶を交わすとき、立ったまま会話をするときなどは、近すぎず遠すぎず半径120センチの距離を保つのが適当だ。いきなり掟破りをして相手のパーソナルスペースに侵略すると、それだけでマイナスの印象を与えかねない。また、女子社員に対して男性社員が近づきすぎると、セクハラ疑惑なんてことにもなりかねない。

もちろん、名刺交換をするときは、ある程度近づく必要があるが、ちょっと歩み寄る程度にして、快適な距離を維持する。

距離のおきかたで相手に対する心理を読み解けば、①1・2メートル以内は、強い親近感がある ②1・2メートルから2・1メートルの範囲なら、強い親近感はなくてもマイナスの感情は持っていない（つまりビジネスゾーン）③2・1メートル以上は、あまり積極的に親しくなろうと思っていない、ということになる。

そこで、ビジネスシーンでは近づきすぎるのもよくないが、離れすぎるのも、気配りに欠けるということになる。よほどのとき以外は、**自分からすすんで2・1メートル以上の距離はあけない**ほうがいい。

つけ加えれば、背の高い人や体格のいい人は、体のバランスに合わせてパーソナルスペースも多少広めにとること。プラス0・3メートル程度、つまり1・5メートルを目安にすればちょうどいいだろう。

人を紹介するときは、肩書き、名前と「ちょっと一言」

ビジネスの現場では、初対面の人同士を

自分が間に立って紹介するということがよくある。その際、気配り以前に「誰から先に紹介するか」のビジネスマナーがまず問われる。

初対面の二者、つまり鈴木さんと佐藤さんを引き合わせる場合は、目下の人から先に紹介するのがマナー。他社よりも自社が目下、役職が下あるいは年下の人間が目下になる。

たとえば、鈴木さんは社内の人間、佐藤さんは取引先の人間なら、紹介するのは鈴木さんが先。

「ご紹介いたします。私どもの課長の鈴木でございます」

と身内を紹介したら、次は佐藤さん。

「こちら、○○の件でお世話になっております○○社の佐藤部長でいらっしゃいます」

という具合で進行し、名刺交換を行なう。役職と名前はセットで伝えることが基本。

もし紹介者が複数いた場合、同じ社（グループ）の人は目上から先に紹介していく。つまり、取引先の佐藤部長が部下の山田さんを同伴し、紹介する相手が3名になった場合は、まず自社の鈴木課長、取引先の佐藤部長、部下の山田さん、の順になる。

さて、ここまでは一般的なビジネスマナーの話だが、紹介の儀式は必ずしもマニュアル通りがいいとはかぎらない。その場の雰囲気次第では、**肩書きと名前にとどまらず、間に立った人間が「ちょっと一言」をプラスしたほうがその場がなごみ、話しやすくなる**こともある。

ちょっと一言の内容は、ビジネス用の名

詞には記されていないその人のプライベート情報である。

たとえば、「鈴木さんは釣り名人で、佐藤さんは雑学の宝庫のような方で……」というように。すると、緊張がふわっと解けるだけでなく、雑談のときの話題にも困らない。打ち合わせのあとで飲み会に流れたとすれば、釣りや雑学の話題を肴に、打ち解けることができるだろう。

ビジネスを離れても、紹介するときのちょっと一言の気配りは人間関係を円滑にする。

「こちら、渡辺さん」ではなく、「こちら、中国語が堪能な渡辺さん」

「こちらは、漢字検定１級をパスした内田さん」

「こちらは、映画好きの松居さん」

というように具体的に言うと、紹介された方はさっき初めて会ったばかりの人の具体像がつかみやすくなり、ぐっと身近に感じられるようになる。「中国語はいつから習われているんですか?」「最近どんな映画を見られましたか?」と具体的な質問もしやすくなるだろう。もし、たった一言の中に、自分との共通項を見出せれば、一つの話題で相手と急接近できそうだ。

相手の「恥ずかしい状況」を上手に気づかせるコツ

赤っ恥話というのは誰でもあるが、ちょっと恥ずかしい話の定番といえば、「知らずにズボンのチャックを開けたままにしていた」というやつではないだろうか。そう、「社会の窓」の開けっぱなし事件。

この場合、早めに自分で気づいてチャックを上げられればいいが、先に誰かが気づいてしまう場合もある。では、あなたがその発見者となった場合、どうするか？

某アパレルメーカーの秘書には、代々語り継がれる珍事件への心得があるという。

「社員の恥ずかしい状況を発見したら、そっと呼び出して誰にも気づかれないように伝える……」

たとえば、商談中の会議室にお茶を運んだ際、上司の社会の窓が開いていることにはっと気づいたとする。もちろん、他社の人間もいる前でそれを指摘し、赤っ恥をかかせるわけにはいかない。こんなときこそウソも方便。秘書はいったん席をはずした後、再び会議室を訪れ、メモを渡すか口答で「重要な電話」がかかっていることを伝える。半ば強引に上司に席をはずさせたら、廊下か誰もいない所で〝本当の要件〟を伝える、という段取りである。ようやく気づいてチャックを上げたその上司は、何事もなかったように会議室にもどればよい。

ズボンのチャックにかぎらず、服に目立つゴミがついていたり、食べこぼしがついているような場合も、この手法を使う。

皆がいる前で恥をかかせないことも気配りだが、恥ずかしい状況をそっと気づかせてあげるのも気配り。あなたが発見者となったら、とにかく何か理由をつけて人がいない所に相手を誘導し、そっと伝えよう。

「できません」「わかりません」と言ってはいけない！

どんな状況でも、自分の要求を「ありま

せん」「わかりません」「できません！」ときっぱり否定されると、あまりいい気がしない。こんなときほど、拒絶とは逆の気配りをしたい。

ある日のこと、Tさんは営業の合い間にちょうど目に付いた文具店に入った。プリンターのインクを切らしていたことを思い出したのだ。ところが、プリンターに合う型番のインクが見つからず、少々がっかり。

ためしに店員に尋ねてみると「いま、切らしているんです」の返事が返ってきたが、そのあとの対応が良かった。すかさず「近くのB文具店にはあるかもしれません。あと、少し歩きますが、C店なら確実にあると思いますよ……」と別のお店の存在を教えてくれたのだ。

「それじゃ、まずB店に行ってみます」とTさんが言うと、店員は、わざわざ店先へ出て、「あの薬屋さんの角を右に曲がって、三軒目にあります……」と、B店への最短の行き方をわかりやすく説明してくれたのである。

さっきの「がっかり」転じて晴れ晴れとした気分で店を出たTさん。目的のインクをB店で購入することができた。ちなみに、最初に入った文具店とB文具店は姉妹店というわけではない。つまり、ライバル店の情報を快く提供してくれたことになるが、結果的にTさんはこの店に好印象を持った。

この事例からもわかる通り、お客さんの求めるものが無かったときの店側の対応は大きく3通りに分かれる。

①つっけんどんに「ウチの店には今ありません」

②「申し訳ありませんが、今その商品切らしているんです」
③「切らしていますが、B店やC店にはあると思います」
対応次第で、私たちは一喜一憂するが、このうち、快レベルが高い対応はやはり③、不快レベルが最も高いのは①ではないだろうか。つまり、たとえライバル店の紹介であろうと「代案」を示す気配りが快指数を上げるのである。

状況が変わっても同じことが言える。たとえば、会社で上司に何か仕事を頼まれたとき、既に多くの仕事を抱えてすぐには対応できなかったとする。こんなときも「できません」「今はちょっと無理です」ではなく、状況を説明したうえで「明日中でしたら対応できますが」と可能な選択肢を提示してみる。すると、上司の快指数は上がる。

仕事を離れても、「○○のお店の情報知ってる?」と聞かれたら、自分はその店を知らなくても、「○○さんなら知ってるかもしれない」「そのお店の情報なら、○○という雑誌の最新号に出ていたから見てみれば?」と、できるかぎり代案を示してみる。

代案を示すのが難しければ、仕事なら「申し訳ありませんが、今回は○○の事情で対応できません」、プライベートなら「役に立てなくてごめん。でも懲りずに何かあったらまた聞いて」とやんわり伝えることが大事。

答えはNOでも、気配りの一言で、相手をYES以上の気分にさせることもできる

のだ。

お客様をトイレに案内するときのタブーとは？

外出先や訪問先でトイレを探してウロウロすることはよくある。

もし、そんなお客さんと社内ですれ違ったとき、そのままほおっておくのは不親切に思える。ただし、女性のお客さんの場合、「どこかお探しですか？」などと聞くのもちょっと気まずい。こんなときどうするか？

これは、都内の超一流ホテルのホテルマンが実際に心がけていることだというが、何か探している様子の女性のお客さんと廊下ですれ違ったら、あえて

「化粧室をお探しですか？」

と声をかけるようにしているという。ズバリ「化粧室」という言葉を使うのは、相手にこの言葉を言わせないため。女性の中には、男性の前で「化粧室」や「トイレ」と言いたくない人もいるからだ。それに、初めから「化粧室をお探しですか？」と聞けば、女性は、「はい」と最短の返事で済ませることができる。

もし目的地が違っても、

「公衆電話を探しているんです」

「友達が見当たらないので」

という内容なら、抵抗なく言うことができるだろう。

これをヒントに、トイレを探している様子の女性のお客さんとすれ違ったら、

「化粧室なら3階のエレベーターの隣りにありますよ」

くらいに、こちらから具体的に言ってみてはどうだろう。

では、お客さんにトイレの場所を聞かれ、そのトイレが今いる打ち合わせ中の会議室とは離れた場所にあるような場合はどうするか?

たとえば、クラブのホステスなどは、トイレに案内したお客さんをトイレの前で待ち、出て来たらおしぼりを渡すというサービスをよくする。しかし、これは夜の街だから通用する気配り。

昼間のオフィスの場合、どのへんまで付き添うかが問題。まず、女性客をトイレに案内する場合は女性社員が付き添うのが基本といえるが、トイレのすぐ前に張り付いて待つのは気配りに欠ける。

これは相手が男性でも女性でも同じこと。中の様子をじっと監視されているようで、相手はゆっくりできないだろう。その場合は**ちょっと気をきかせ、少し離れた場所で待つ**ようにする。

さらに気配りするなら、どこか近くのわかりやすい場所を指定し、

「あちらの公衆電話の前あたりにおりますので、ひと声おかけください」

「そこのブースの前におります……」

という具合に、トイレの前からは極力離れるようにする。

遠すぎず近すぎず、お客さんの負担にならない距離感を知って待つのが親切というわけだ。

また、戻ってきたお客さんを迎えるとき、いかにも「ずっと待っていました」というそぶりを見せると、これまたお客さんにと

っては負担になってしまう。待ちながら手元の携帯画面を覗いているくらいがちょうどいいだろう。

「相手の姿が見えなくなるまでお見送りするべき」のウソ

ビジネスマナーの本を見ると、「お客様を見送るとき」のマナーとして、

「お客様の姿が見えなくなるまできちんと見送ること」

と書いてある。

確かに別れ際の印象は第一印象と同様にとても大切。次の商談にも影響するため、お客様への対応は最後まで気を抜けない。

では、どこまでお見送りするかというと、「エレベーター前か玄関口まで」が原則。

ビルの上階にオフィスがある場合は、エレベーター前までかまわないが、重要なお客様の場合は玄関口まで見送り、さらに丁寧に対応するのであれば、お客様の姿や乗った車が見えなくなるまで、見送るようにする。

親しい間柄であれば、応接室や接客した部屋の前までの簡略なお見送りでかまわないが、どの場合も、「本日はお忙しいところありがとうございました……」のお礼を述べ、きちんとお辞儀をする。

このへんのことは、社会人であれば、知っていて当然のマナー。ただし、お客様が女性の場合は、ほどほどに見送る気配りも必要。なぜなら、

「男性に、後姿を見られるのは好きじゃない」

「気にしてるヒップラインや足のラインを

見られたくない」

という女性もけっこういるからだ。振り返ったとき、まだお見送りが続いていたら、「えっ、ずっと見られてたんだ!?」と、複雑な心境になる、と証言する女性もいる。

こうした微妙な女心をくむと、**女性客のお見送りは、ちょっと早めに引き上げるくらいがちょうどいい**、ということになる。

あるマナー本には、玄関口では「最低3歩以上離れるまで見送る」と書いてある。ならば、女性客を玄関口で見送るときは、この〝最低3歩〟を超えないよう、意識してみてはどうだろう。つまり、三歩歩いたら、それ以上は目で追わずにさっと引き上げる。

こうして感じのいい余韻を残すことができれば、お見送りは成功だ。

着ている服の色が相手の心理にもたらす意外な効果

ある日取引先からクレームがつき、お詫びに行くことになったとする。ビジネスマンであれば、必ずや遭遇するような事態。では、そのお詫びの当日、あなたは着て行く「服の色」にこだわるだろうか?

「こだわる」というなら、あなたはなかなか気配りのできる人。さらに、**色が自分や相手に及ぼす心理作用を読んで着る服を選ぶ**というなら、かなりの気配り人間といえる。

「色」が人の心身に影響を与えることはよく知られている。

刺激的な赤を見れば、心身も熱くなり、血圧や体温が上がって、気分も高揚する。

逆に、ブルーなどの寒色系の色を見れば、血圧や体温は下がり、心も落ち着く。科学的にも証明されていることで、色によって体感温度が確かに変わるのだ。そこで、これを人間関係に応用する。

たとえば、クレーム対応の日は、謝罪に適した色のシャツやネクタイを身に付ける。この場合、ふさわしいのはブルー系だ。なぜなら、ブルーは知性や誠意をイメージさせる色、そして鎮静作用で見る人の心を落ち着かせる色だからだ。

ブルーのシャツに同系色のネクタイを身につけて「申し訳ございませんでした」とやれば、自らの心身の緊張が緩和されるうえ、相手の心も落ち着き、こちらの話に耳を傾けてくれやすくなる。緊迫した話し合いのときこそ、強い味方になってくれるのがブルー系なのだ。

仕事を離れても、何かお詫びをするときにはブルー系、あるいは清潔感があって信頼されやすい白の服を意識してみる。たとえば、隣りのオバサンに、「イヌの鳴き声がうるさい」、「夜のテレビの音がうるさい」などとお咎めを受けたときには、ブルーや白のシャツを着て出向くようにする。

クレームをつけた相手は、もともと不満があって連絡してきたのだから、不満を逆なでするような色を選んだらアウト。たとえば、心身を熱くするレッド系は基本的に謝罪には向かない。

ただし、レッド系とて適材適所で用いれば大いに役立つ。

商品や企画など、何か売り込みをしようと士気が高まっているときには、パワーの出るレッド系の出番。ネクタイなど、ポイント的にこの色を用いれば、相手にもやる気が伝わりやすい。売り込む以上は、自信の出る色をまとって誠心誠意伝えることが、相手に対する気配りというものだ。

さらに、次のようなシーンでも服の色にちょっと気配りを。

パーティなど楽しいイベントがある日は、見て元気の出るイエロー系の服。すると、皆の笑顔が増す。

お見舞いに行くときは、親しみや希望の色である、淡いピンクやクリームの服。すると、病人の心が癒される。

普段は、あくまで自分が快適になれる色を選べばいいが、特別な場所に行くときは、相手にとってふさわしい色かどうかも配慮しながら服を選びたい。

郵便物を送るときに忘れてはいけない大事なポイント

受け取ったとたん、相手の忙しさが伝わって来るような郵便物がある。たとえば、次のような郵便物がそうだ。

・包装の仕方が、見るからに雑。
・封筒や便箋に汚れが目立つ。
・悪筆なのではなく、慌てて書いたために、字がヨレヨレに乱れているのがわかる。
・住所や名前の字が間違っている。
・手紙も一筆箋もなく、ただ必要な書類だけがそのまま入っている。
・コピーが雑で、書類の端の方が切れていたり、まっすぐコピーされていない。
・使った書類の裏にコピーを取ってある。

これらが、忙しさを伝える郵便物ワース

ト7といったところだろうか。どれも、見た目に〝バタバタ〟慌しい様子なので、受け取った方は、あまりいい気分にはなれない。「あぁ、忙しい、忙しい」と言いながら走り回る相手の姿を連想してしまいそうではないか。

そこで、忙しいときほど、そうならないための気配りを。**意識的に気分を落ち着け、忙しい空気まで密封してしまわないよう、注意を払う。**

具体的には、相手が誰であろうと、とても親しい間柄であろうと、丁寧に書く。一言手紙を添える。たとえ字が下手の部類でも、丁寧に書けば相手に伝わるものだ。そして、丁寧に貼る。書類はクリアファイルなどに入れ、折れ曲がらないようにする。こうして見た目に感じのいい郵便物を作り、丁寧に送る。

とはいえ、仕事柄、分刻み、秒刻みで動いている人は、丁寧に送りたくてもできないことがあるだろう。その場合は、電話やメールなどの手段を使い、事前に一言断わりを入れておく。「申し訳ありません。急ぎなもので、コピーした資料が読みづらいかもしれませんが」「資料だけそのまま送りますが……」のように言えば、印象はまったく変わる。むしろ、「○○さんは、よく働くなぁ」「忙しいんだな、大変だな」と一転して、送る側を思いやる心情に変わるものだ。

郵便物を送るときは、それを受け取った人間がどう感じるか、自分が受け取る側だったら？　と常に想像力を働かせながら準備を進めたい。

暑い人も寒い人もいる部屋で、エアコンの設定温度をどうする？

Sさんという30代の女性は夏が苦手だという。なぜなら〝寒い〟から。彼女が勤務する広告代理店のオフィスは、夏になるといつも社内のエアコンが効きすぎて、とても寒いのだ。

そのため、夏なのに厚手のひざ掛けや靴下やカーディガンが欠かせない。

部屋を寒くしている犯人は、Sさんとデスクを並べる上司K氏である。とても暑がり。Sさんは設定温度を常に27℃〜28℃くらいにしたいが、K氏は21℃にしたい。体感温度差は約6℃！ Sさんがたまりかねてエアコンの設定温度を少し上げると、すかさずK氏がさっと立ち上がり、自分の適温に調節し直してしまう。他の社員はどうしているのだろう？ 不運というのか、同じフロアで働くのは、Sさん以外は血気盛んな若手の男性社員ばかり。室温はさほど気にならないようだ。

言うまでもなく、Sさんの上司K氏は気配りベタの典型と言える。そもそも、自分と人の体感温度が違うことに気づこうとしない。自分が暑ければもっと涼しくするという一つの思考回路しかないのだ。

気配りできる人は、**誰かが寒そうにしていたら、たとえ自分が暑くても一歩譲ってエアコンの設定温度をちょっと上げる**だろう。

そもそも、夏なのに寒さに耐えるというのは、思った以上に体を傷めつける行為。自然の体のリズムが乱れてしまい、女性の場合、冷え性や肩こりなどあちこちに支障が出て来るものだ。

一般に、エアコンの設定温度は夏場は外気のマイナス5～6℃くらいが体にはベストとされている。つまり気温が33℃なら設定温度は28度くらいが適当。しかも、エアコンはたった1℃違うだけで電気代が10％ほど違ってくる。

つまり、冷やしすぎないことは体にも節約のためにもいいわけだ。

夏の寒いオフィスで震えているのは、Sさんだけではないはず。

女子社員がカーディガンを羽織り始めたら、あるいは、誰かが「ちょっと寒いね」と言ったときが、気配りのタイミング。さっと立ってエアコン調節をし、適温を維持するよう心がけよう。「いつか誰かがやってくれるだろう……」と調節を人任せにしないこと。

顧客に好かれる人は、「気配り」のコツを知っている！

車のトップセールスマンであるB氏・39歳は、その日新品のネクタイをしめて契約に臨んだ。顧客は都内に住む医師K氏。自宅で大型犬を三匹飼っている。

そこで、B氏はあえて犬柄のネクタイを選んだ。といっても、ブルー地に小さな犬柄でさほど目立つ柄ではないが、顧客は会って間もなくそれを目ざとく発見。

「おっ、Bさん今日はいいネクタイしてるね～」

K氏の口元が大きく緩んだ。

「ええ、Kさんとお会いするので、やはり

この柄しかないかと……」

B氏も笑顔で答えた。ますますK氏の口元が緩む。自分の可愛がっているペットや好きなものに興味を示してもらえたら、誰だってうれしくなるものだ。

1本のネクタイの効果で契約はなごやかなうちに終了。そのあとは、しばらく犬談義で盛り上がったそうだ。

もちろんB氏が犬柄のネクタイをしめたのは、顧客への気配りであり、営業戦略の一環でもある。彼は、常に顧客のペットや好きなもの、好きな色、趣味などをリサーチしては記録し、関連のものを持参したり、可能なものはファッションに取り入れているのだという。

相手の好みをファッションに反映させる場合は、たいていネクタイや小物の柄に一工夫する。犬好きの顧客はわりと多いので、ネクタイ、ハンカチ、靴下まで、犬柄をフルに揃え、密かに「ワンコセット」と名づけているとか。また、猫好きな顧客と会うときは猫柄ネクタイや小物、馬術が好きな顧客と会うときには馬柄ネクタイや小物……というように、動物柄は大活躍を見せている。

他にも、ブルー系のシャツを好んで着てくる顧客に対しては、自分もブルー系で対応するし、海外旅行が好きな顧客には、その人の好きな国の情報を収集し、新聞や週刊誌の切り抜きを資料として持参することもある。

ただし、みえみえの行為はあまり好まれないため、あくまでさりげなく。ネクタイにしても、よくよく見ると顧客の好きな動物柄だった、という程度におさえるのがコツ。もし気づいてもらえなければ、そのままでかまわない。**大切なのは、顧客に興味を持ち、顧客の好きな世界に接近し、共有しようとする姿勢**なのだ。

営業のプロと呼ばれる人は、B氏のような独自の気配り術を心得ているものだが、こうした気配りは、日常の対人関係にも応用することができる。

たとえば、犬好きの誰かさんと会うときは、犬柄のハンカチや犬のワンポイントつき靴下くらいで、ちょっとサービス。汗を拭く手元に犬柄ハンカチ、となれば、

「あれぇ、いいハンカチ持ってるね」

と、いい感じで会話がはずみそうだ。相手の好きな世界を肯定し、接近しようとする姿勢があれば、人間関係はいつでもどこでも自然とまるくなる。

「人によって態度を変える」のが最悪な本当の理由

いわゆる態度の大きい人というのは、自分より立場が上と思う人には、いきなりペコペコして従順そうに振舞うことがある。

N君の会社とよく取引のある某社の重役T氏がそうだ。

「はい、○社の○です」

とN君が電話を取ると、

「社長、いる？　至急連絡取りたいんだけど」

「いつも対応が遅くて困るんだよ〜」

と、いかにも態度が大きい。N君は、入社2年目のまだ新米。そのことを知っているからT氏も若僧と思って接しているのだ

ろう。

ある日、そのT氏と会食する機会があったが、その席でN君は驚いた。T氏にとって親会社の重役も同席したためか、T氏の態度がいつもとはまるで別人。みえみえのお世辞も連発し、ついでにN君のグラスにもワインをついでくれたのである。

いつもの電話の対応を知らなければ、T氏は腰の低い、とても気のきく感じのいいビジネスマンに映ったことだろう。が、いつもの対応を知っていたためにN君は不快になった。（そんなに、態度をころころ変えるなよ……）と。

T氏は極端なケースかもしれないが、みなさんの周囲にも、似通った人間がいるのではないだろうか。相手によってころころ言動を変えてしまうのは、損得で人と接していることの現われで、「あまり得なし」と判断された方は軽視され、不快な思いをすることになる。

これこそ、気配りのない対応と言えるだろう。このような対応をした人は確実に嫌われ、信用を失う。

「ハロー効果（後光効果）」という言葉があるが、これはある際立った特徴に引きずられて他の部分の評価が歪められることを言う。たとえば、一流企業の社員で一流大学出身だと人格的にも「すごい！」と思ってしまうような心理効果で、すごいと思った人には畏怖の念を抱いてペコペコしてしまったりする。ここに登場したT氏も、ハロー効果に操られやすい人間の一人と言えるだろう。

真に気配りできる人は、ハロー効果など

には惑わされず、水平の視点で人と接するが、それがきちんとできる人は意外と少ない。

まずはT氏のような人物を反面教師とし、**相手によって接し方を変えそうになる自分をコントロールしていく**ことが気配り上手への第一歩。部下や後輩たちは、あなたの人との接し方をよく観察していることをお忘れなく。

相手をリラックスさせるのに、一番効く「クスリ」は？

自分の部署に配属されたばかりの新入社員を連れて、取引先の部長さんに会いに行くような局面では、新入社員は緊張するのが普通。

そもそも上司と一緒ということで緊張するし、取引先に出向くというのでもっと緊張する。「好印象を与えられるだろうか？」「これから会う部長さんはどんな人だろう」と思えば思うほど、体がガチガチになったり、落ち着きがなくなってしまったり……。

そんなとき、上司が

「おい、そんなに緊張するなよ。大丈夫だから」

「ほら、リラックスして」

などと月並みな言葉を投げかけても、あまり効果は期待できない。

落ち込んでいる人に「がんばれ」「がんばって」と言うとかえって重荷になってしまうのと同じで、緊張の極みにあるときは、励ましの言葉はかえって逆効果になりやすいのだ。

では、先輩としてどんな言葉をかければ

いいのだろう？

これは、B君という商社マン1年生が実際に体験した話だが、取引先へ挨拶に向かう途中で、同行した先輩が神妙な顔でこう言ったそうだ。

「おい、これから会う○○部長、〝ズラ疑惑〟があるんだけど、おまえ笑うなよ」

「えっ、ズラ？　ホントですか!?」

その言葉にB君、しばし緊張を忘れ、道の真ん中で噴き出してしまった。

ついでにB君の緊張はほどよく解け、おかげで助けられたという。もっともズラ疑惑の○○部長と面談中は、髪型が気になって別の意味で落ち着かなくなってしまったというが……。

つまりB君の上司は、仕事とはまったく関係のない話題をふって部下をリラックスさせたことになる。

このことは、同様の局面での気配りのヒントになるだろう。若手社員が緊張でガチガチになるというのは、それはそれで可愛げがあって好印象を与えるものだが、**適度にリラックスさせたいときは、仕事を離れたお笑いネタという良薬を。**ただし、行過ぎないこと。くすっと笑う程度の茶目っ気のあるネタ、ほのぼのとしたネタを選んで送ろう。

待ち合わせ時間に遅刻した人には、どう対応するのが正しい？

待ち合わせをすると、その人の気配り度がよくわかる。

①待ち合わせ時間ジャストに行くタイプ

②ちょっと余裕を持って待ち合わせ時間

より早めに行くタイプ
③たいてい遅れ気味に行くタイプ
言うまでもないが、気配りできる人はタイプ②のように行動する。いつも遅れ気味だというタイプ③は、ズバリ気配りが足りない人だ。人を待たせることは、すなわち相手をイラ立たせたり不安にさせること。

しかも、自分自身の心もかき乱してしまう。

遅刻したり、遅刻しそうになって慌てた

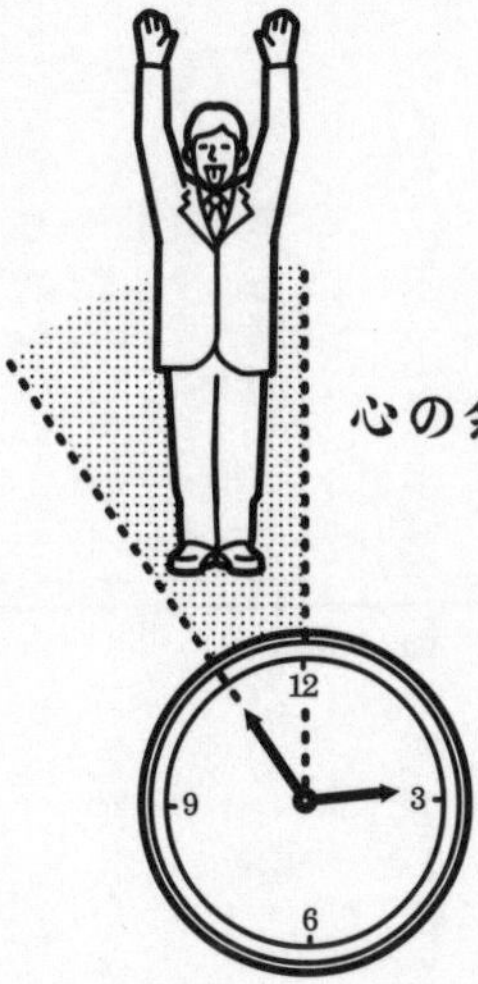

経験は誰でもあると思うが、気が動転すると、通行人とぶつかったり、転びそうになったり、モノを落したり、忘れたり、とろくなことはない。

たとえば、上司と部下が待ち合わせをして得意先に出向くというシーンで、どちらかが遅刻したとしよう。遅れた方は当然慌てる。この場合、**遅刻者が謝罪することは気配り以前に当然のマナーだが、実は「待たされた方の気配り」も問われる。**

もし、遅刻した部下に対し、待たされた上司が、

「遅いじゃないか、何やってるんだよ！」

といきなり怒りをぶつけては、部下はますます気が動転してしまう。その気まずいムードを引きずったまま取引先に行けば、平常心でいられず、商談に悪影響を及ぼす

ことになりかねない。

そこで、上司はまず、部下の気持ちを落ち着けるように気を配る。

「まあ、落ち着いて。気持ちを切り替えて行こう」

のように言って、走ってきた部下の呼吸をまず整えさせる。遅刻について話題をふるのは商談が終わったあと。仕事が一段落してから「今度は気をつけて」と注意を促せばいい。

逆に、上司が遅刻してきた場合はどうするか。たとえば、

「ごめん、ごめん」

と走ってきた上司に対し、待ちぼうけをくわされた部下が、

「まったくどうしたかと思いましたよぉ。さあ、急ぎましょう！」

などと言うと、イラ立った感じが前面に出すぎて角が立つ。ここは、先輩を立てて

「ああ、よかったです。時間を間違えたかと思って慌てちゃいました」

「待ち合わせ場所を間違えたかと思ってキョロキョロしてました」

くらいにやんわり言うのが気配り。多少は抗議のニュアンスが含まれているから、言いたいことはとりあえず伝えられるだろう。

いずれにしても、**待ち合わせ時間には遅れない**ことがいちばんの気配り。

時間に余裕を持って行けば気持ちにも余裕が生まれ、商談の進め方をシミュレーションすることもできるだろう。結果的に、場の微妙な主導権をこちらが握れるようになる。

商談が成立しなかったときこそ、「感謝」の見せどころ

「買わない」という素振りを見せたとたん、いきなり態度が変わり、ムスッと不機嫌になってしまう店員がいる。

　あるいは、「興味がないのでけっこうです」と断わった途端、ぶっきらぼうにガチャンと電話を切ってしまうセールスマンもいる。

「せっかく一生懸命対応したのに、労力が無駄になってしまったじゃないか」とでも言いたげな対応。そんな態度を取られた客は、当然不快になる。結局、両者共にムカついて終わり。

　このように、自分の思い通りにならなかったときほど、その人の真の人間性が見える。そして、真に気配りできる人かそうでないかがよく見えるものだ。

　うまく売れたとき、うまく商談が成立したときには、「ありがとうございました」と感謝の言葉を述べても、うまく売れなかったとき、うまく商談が成立しなかったときは感謝の言葉を述べない、というのは気配りベタな人のやり方。逆に、**うまくいく、いかないに関わらず感謝の言葉を述べられるのは、気配りの働く人のやり方**と言えるだろう。

　そもそも、気配りは損得でするものではない。たとえうまくいかなかったときでも、相手の心情を察し、

「貴重なお時間をいただきありがとうございました」

「お会いいただき光栄でした」

の感謝の気持ちを述べたり、礼状をしたためることが気配りである。相手がNOの返事をしたのは、理由があってのこと。人のせいにしてその理由を学ばない限り、同じことは繰り返される。

一方、断わられても気配りを忘れずにいる人は、感謝して学ぶ。「相手がNOと言ったのは自分の売り方が強引すぎたのだろうか？」「説明の仕方が不十分だったのだろうか？」とうまくいかない理由を分析・反省するため、結果的にその経験が活きてくるわけだ。

付け加えれば、お礼状を出すときは、切手や葉書選びにもちょっと気配りを。

自分がもらってうれしくなるような珍しい切手や味のある葉書を使うと、相手は「おおっ」と思う。そして、自分を大事に扱ってくれたことをうれしく思う。そこからが、新たな商談、新たな人間関係の始まりだ。

「そのうち一杯」と言われたら、どこまで踏み込むべきか

「じゃ、そのうち一杯やりましょう」

は、ビジネスマンの別れ際の挨拶としてよく使われる。

あなたは、そのときなんと答えるだろう。

①「ぜひ、そのうち一杯やりましょう」

②「そうですね。では、いつにしましょう？」

たぶん、反応は大まかにこの二通りに分かれるだろう。

①は相手が言ったことを繰り返して話を合わせるのみ。②は具体的に日時を決めよ

うとする。

このうち、多い反応は①の方だ。

外国人に言わせれば、この挨拶はとても紛らわしく、「日本人の不思議」の一つと映るらしい。何より不思議なのは〝そのうち〟の四文字。これがなかなかクセモノで、そのうちの日時を具体的にイメージできないし、実際にイメージしながら言う人は少ない。単なる挨拶用語として「あなたのこと忘れませんよ」くらいのニュアンスで使うこともあるため、外国人は迷うわけだ。

心理学の専門家によると、「そのうち一杯やりましょう」の本音は、実は「一杯やるつもりはない」なのだという。つまり、あえて「そのうち」と言うのは、積極的に相手と飲みたくないからで、あくまでタテマエ。本音を言ってしまうと人間関係が破綻してしまうため、表向きは良好な関係を保つための逃げ道として「そのうち」と言うわけだ。タテマエなので、「いつにしますか?」と具体的に聞かれると困る。

そこで、「そのうち一杯やりましょう」と言われた方は、**相手の本音も裏読みしながら、あえて具体的な日時は追求しない**ほうがいい場合もあるわけだ。

ただし、**状況次第では、あえてふみこんだ方が親切**なときもある。

たとえば、先輩（上司）が後輩（部下）に対して「そのうち一杯〜」と言ったとき、後輩はそれを心待ちにすることがある。その先輩を敬愛していて、ゆっくり話がしたいと思っていたときなどがそうだ。しかし、後輩から「そのうちっていつですか?」とは聞きにくいため、上の人間はこうした心情を察し、具体的に「それじゃ、来週の週末にでもどう?」と誘ってみる。そのうえで「それじゃ、来週の頭にでもメールちょうだい」と、近いうち実現させるための一言を添えればいい。

後輩が本当に「そのうち一杯～」を期待しているかどうかは、言ったときの眼の輝きをはじめ、ちょっとした言動で察するしかない。そのへんの微妙な判断を誤らないように。

飲み会をお開きにしていいタイミングの読み方

上司から「あいつにまかせておけば安心」と、信頼を寄せられた宴会の達人は、気配りの達人でもある。場所選びに始まって、料理の献立、席順、さらには景品や手土産、会計まで、細かい気配りが要求されることはたくさんある。

きっとその達人は、Aさんは鶏肉が苦手、Bさんは辛いのが苦手、Cさんは生牡蠣がダメ……というように、皆の好き嫌いも考慮してメニューを選んでいるだろう。

ところで、意外と難しいのが「お開き」のタイミング。

人数の多い宴会ともなると、お酒が入って大いに盛り上がっているテーブル、そろそろ話のネタも尽きて間が持たなくなっているテーブルなど、時間がたつほど差が出て来るものだ。

幹事は、まだまだ飲み足りない人々、そろそろ帰りたい人々の両方がともに納得できるタイミングでお開きを告げなければならない。

制限時間がある場合は、あっさりと「そろそろお時間のようですから……」と告げればいいのだが、困るのは会場が時間無制限のとき。

「そろそろお開きにしてよ」と面と向かって言う人は少ないだろうが、帰りたくなった人々はそれなりのサインを送り始めるものだ。

・時計を気にしてチラチラ見る
・メールを見たり、家族に電話したり、と携帯をいじり始める

これらはとてもわかり易いサイン。ただし、宴会の達人は、もっと確実なサインを見逃さないだろう。そのサインは、トイレ。

そう、**トイレに立つ人が目立ってきたときがお開きの絶好のタイミング**なのだ。

女性の場合、トイレで化粧直しをして戻ってきたら、それは「そろそろ帰りたい」サインと受け取っていいだろう。

幹事は、トイレのために席を立った人たちが一通り席に戻ってきたところで、

「そろそろ……」

「じゃあ、このへんでお開きに」

と切り出せばいい。

会計は、お開きの直前に済ませておく。トイレのついでに支払いを済ませておくという幹事は多いが、テーブルチェックでももちろんかまわない。

皆が店の外に出てから会計という手順は、人を待たせることになるので避けたい。最後の最後まで、気配りを忘れないようにしたい。

接待の店選びで うまくいく人の心遣いの秘密

接待で会食をするとき、つい忘れがちなことがある。相手の立場に立って店を選ぶということだ。

自分が幹事となってお店を決める場合、「実際に行ってみて美味しかったところを選ぶ」という人は多い。

それで失敗してしまったのが、都内の広告代理店に勤めるY氏。以前接待の仕切りを任されたとき、Y氏が選んだのは他の人を接待して大好評だった鶏なべ料理の店。自分も気に入っていたので迷わずそこに決めた。

「あそこなら店の雰囲気もいいし、きっと誰でも喜ぶだろう……」

その考えがちょっと甘かった。接待したのは取引先のメンバー5名。その中に鶏肉が大の苦手という中堅の30代の女性Bさんがいたのだ。

実はY氏、先方には「夜7時からなべ料理の店で会食しましょう」とだけしか伝えていなかった。その日は会議の流れで一緒に会食先に向かうことになっていたため、店の詳細までは伝える必要がないと思ったのだ。

当日、盛大に鍋の材料が運ばれると、例の鶏嫌いのBさんの顔が明らかに曇るのが見て取れた。

「鍋、お嫌いですか?」

Y氏が不安になってたずねると、

「え、いいえ……鍋は大好きです……」

とBさん。しかし、明らかにその顔は曇

っている。結局Bさんは「あまり食欲が無い」という理由でほんの少し野菜を口にした程度。鍋のあとの鶏雑炊も鶏スープにも口をつけなかった。代わりにBさんの上司や同僚らが「美味しい、美味しい」と料理を絶賛してくれたが、あとでY氏は同僚の証言からBさんが料理を食べなかった理由を知る。

Bさんは、幼少の頃、親戚の家で見たニワトリを不気味だと感じて以来、鶏を見るのも食べるのもまったくダメになってしまったというのだ。

ああ、大失敗……。会食の間、Bさんは続々出て来る鶏料理のフルコースに内心悲鳴を上げていたことだろう。Y氏は大いに反省し、以来、**接待の際には必ず相手が苦手な食べ物を確認してから店選びをする**ことにしたという。

自分がいいと思う店が、必ずしも相手の好みとはかぎらない。自分の美味しいと思う料理が必ずしも相手の口に合うとはかぎらない。接待する際には、そのあたりまえのことをまず思い出して欲しい。

ところで、鶏料理を食べられないBさんの横で「美味しい、美味しい」と食べたBさんの上司や同僚は気配りの人である。接待される側からいうと、仲間うちの中に出された料理を食べられない人がいたら、その分自分が食べ、**感動を口にするというのが気配り**だ。つまり、接待者を心配させないように、フォローするということ。

「美味しいですね、私、鶏料理が大好きなんですよ」と言うくらいのサービス精神を発揮したいものである。

Step4
魅力的に見せる「一流」の気配り

忙しいときほど、「ゆとり」をみせたほうがいいワケ

いつも「忙しい、忙しい」と呟いている忙しがり屋は、どこにでもいるものだ。「最近どう?」と近況を聞かれれば、「いや〜、忙しくて」、「大変だね〜」と言われれば、「毎週出張があるし、ノルマも多くて寝る暇もないよ……」と自分の今の大変な状況を待ってましたとばかりに語り出す。

しかし、気配り出来る人は、たとえ仕事が山積していても、あえて大声で「忙しい」と言ったり、忙しげな態度はあまり取らないだろう。なぜなら、自分が忙しそうに振舞えば、周囲の空気を乱すことをよく知っているからだ。

ここに、いつも汗を拭き拭き「忙しい、忙しい」と駆け回っているA氏という人物がいたとする。このA氏を見て、周囲はどう感じるか?

主な反応を予測してみると、

①相手の忙しい波長を受けて、自分も何だか落ち着かなくなる。

②仕事が出来るのをひけらかしているように感じ、嫌悪感を抱く。(とくに、同期の人

間や同窓生などは、根底にライバル意識があるぶん、そのように感じることが少なくない)

③「忙しそうだから」と、遠慮して一歩引いてしまう。

この通り、A氏にとってプラスになる反応はほとんど期待できない。むしろ、忙しがるほど周囲の人間は引くし、A氏は孤立するという図式である。暴走車が向かってきたら本能的に離れるのと同じで、あまり忙しそうに振舞っている人を見ると、離れたくなるのが自然。

そのうちA氏は「どうせ、アイツは忙しいんだから」、とお仲間リストからはずされ、飲み会のお誘いもかからなくなる可能性がある。忙しがったツケは意外と大きいのだ。付け加えれば、「忙しい」と何度も言うと、周囲の人の気を散らすだけでなく、自分自身もますます忙しい気分に追い込んでいく。すると、ミスをするリスクも高まるだろう。

こうしたリスクも知った上で、**忙しいときほどあえてゆとりある対応を心がける**のが気配りできる人だ。「忙しい?」と聞かれても、「まあまあ」とか「ちょっとね……」。控えめに言う。すると、かえって周囲の協力を得られたり、頼りにされたりと、人間関係がうまく流れ始めるものだ。

他に、「大変だ!」「疲れた!」などの言葉も連呼するのは考えもの。

言ったことは不思議と現実になりやすい。「大変だ」と言えば本当に大変な状況に追い込まれやすいし、「疲れた」と言えば本当に疲れた気がしてくる。周囲の人間も、その人の波長を受けて慌てたり、疲れたりと、翻弄されることになる。何事もほどほどが肝心。**大変そうなそぶりはしない、疲れた様子を見せない**ことも大切な気配りなのである。

借りたものを返すときに、好印象を残せる裏ワザ

社会生活を送っていると、ちょっとしたモノを借りたり、貸したりすることがよくある。行く先を確認したくて「ちょっと地図貸して」ということもあるし、自分のデスクと離れた場所で打ち合わせしているとき、「ちょっとボールペン貸して」ということもある。缶コーヒーを買うとき小銭が無くて「ちょっと100円……」もあれば、花粉症の季節に、ポケットティッシュを分けてもらうこともあるだろう。

では、あなたがちょこっと「借りた」場合、返すときに何か心がけていることはあるだろうか？　多分、多いのは、こんな返答ではないだろうか。

「できるだけ早く返すようにする」

もちろん、即効で返せる場合はそれでもよいが、借りる状況もさまざま。借りた地図を持参して外出することもあるし、会議の流れでボールペンを1日中借りっぱなしというのも考えられる。ティッシュとなると、消耗品なので、元の状態では返せない。

そんなときは、ちょっと気配り。**お礼の気持ちと共に「ちょこっとおまけ」を付けて返してみる。**たとえば、「ちょこっとのどアメ」「ちょこっとチョコ（などのお菓子）」「ちょこっと気のきいたポストイット1パッド（他、ちょこっと文房具）」あたりが感じのいいおまけ候補だ。

これは、某メーカーに勤めるBさんも実践している方法だという。あるとき、一つ上の先輩OLから筆ペンを借りたときに、ちょこっとおまけを付けて返した。「ありがとうございました」の一言メモに添えて借りた筆ペンと「袋入りのチョコ1個」をデスクの上に

置いたところ、これが思った以上に好評。「Bちゃんは気がきく」とよい評判まで流れ、たった1個のチョコのおかげで、社内の居心地もぐっとよくなったのだとか。

いうまでもないが、ちょこっとおまけが喜ばれたのは、ちょこっと借りたお礼の気持ちを伝えるのにちょうどいいバランスだからだ。返される方の立場になってみればよくわかる。筆ペンを借りたお返しが、のどアメまるまる一袋やチョコまるまる1箱では「もらいすぎ」と感じる。もっと高価なお返しをすれば、今度はお返しのお返しを気にし始め、「かえって迷惑」になりかねない。相手に負担のかからないおまけをつけることが、お礼の気持ちを素直に伝えるポイントだ。おまけの内容は、借りた期間やモノに応じてアレンジしていけばいいだろう。

「ちょこっと借りたものだから」と軽視して返却を先延ばしにしたり、返さないのは論外。そのツケはきっと人間関係に跳ね返ってくる。

「ありがとう」が自然に言える人がやっぱり得する

以前、あるメーカーに、声はちょっと低めで暗い感じなのになぜかお客さんのウケが抜群にいいオペレーターがいたという。

単に声を聞いただけだと「なんて冷たい感じの女性だろう」という印象でしかないが、不思議なことに、お客さんは皆このオペレーターの指示に素直に従い、結果的に売上にも大いに貢献していた。なぜか？　不思議に思った専門家が、その電話応対について詳細に分析したところ、一つの理由にたどりついた。

お客さんの第一声に対する返答が、必ず「ありがとうございます」だったのだ。

「先日、お宅の商品を購入した者ですが」に対して「ありがとうございます」、「ちょっとうかがってもいいですか」でも「ありがとうございます」、「あのぉ、東京の○○といいますが」でも「ありがとうございます！」

もちろん、声のトーンは明るい方が好印象を与えるが、暗めの声だったこのオペレーターの場合は、まず「ありがとう」を言うことでその暗さを打ち消し、むしろいいイメージに方向転換することができたのだろう。

このケースからもわかる通り、「ありがとう」を言う効用はかなりのもの。

周知の通り、「ありがとう」は感謝の言葉だ。そして、感謝の言葉を送られた人は一様に心が温まり、気分が良くなる。そのため、**「ありがとう」の一言は人を集める磁石**のような働きをするものだ。

心から感謝して「ありがとう！」が言える店員のいる店には、自然と人が集まる。たまたま入った飲食店のスタッフの愛想がいいと、たとえ味はそこそこでも店員さん目当てで「また行ってみようかな」と思ったりする。

逆に、笑顔も「ありがとう」もない無愛想な店、無愛想な人の周囲からは、波がひくように人がさっといなくなるものだ。

そこで、感謝のネタがころがっていたら、ほんのささいなことでも笑顔で「ありがとう」と言う気配りをしたい。

さらに注文をつけるなら、「すみません」の代わりに「ありがとう」と言う。

私たち日本人は、なぜか謝るときだけでなく、感謝するときにも「すみません」という不思議な習性がある。道を譲ってもらったときに「すみません」、何か貸してもらったときにも「すみません……」。言ってないつもりでも、けっこう謝りながら感謝している。

この感謝のつもりの「すみません」を「ありがとう」に変換すれば、相手にもっと明るい波長を送ることができるだろう。

さらに、「どーも」よりは「どうもありがとう」にする。

日常の小さな場面、場面で、惜しみなく「ありがとう！」を言うほど、他者も自分も気持ちよくなれるのだ。

何か教えてもらったときの「お返し」のコツ

「六本木で最近美味しいお店知らない？」
「何か面白い本知らない？」
と、親しい人にたずねて美味しいお店や面白い本を教えてもらうことはよくあるし、聞かれることもあるだろう。

ここでは教えてもらった側の気配りということを考えてみよう。まず、情報を一方的にもらったまま知らんぷりというのは、あたりまえだが気配りに欠ける。たとえ、少しの情報でも、提供してもらった以上は、それを小さな贈り物と考え、できるかぎり体験し、きちんとお返しをするのが気配り。親しい間柄だと「お互いさまだからいいや」と思いがちだが、**あえてお返しをすることで、人間関係もうまくいく**ものだ。

とはいえ、教えてもらうたびにモノでお返しをする必要はない。**返すのは、「一言報告」と「感想」と「感謝」。**つまり、お店なら、「この間、教えてもらった○○に行ってきたよ」と一言報告し、「すごく美味しかった。特に○○サラダと、○○マリネは一緒に行った友達にも大好評だった」と、感想を送り、「本当に、ありがとう」と、感謝の言葉を述べる。同じように、面白い本を教えてもらったら、「この間、教えてもらった本、さっそく買ってみた」と報告し、「○○が○○で面白かった」と報告し、「ありがとう」で感謝する。

この流れは、何か教えてもらったときの気配りの基本。しかも、できるだけ早めに報告する。これにより、相手は自分の情報が役立ったこと、喜んでもらえたことをうれしく思い、気分がよくなるだろう。

逆に、何の報告もないと、中には、「あのお店行ったのかな？」「あの本ちゃんと読んだのかな」とチラチラ気にする人や、「せっかく教えたのに、何の報告もしてこない」と不機嫌になる人も出て来る。いずれにしろ、教えっぱなしの一方通行では、情報提供者が気をよくすることはない。

もちろん、プロに情報提供してもらったときも、「お返し」をする。

たとえば、慣れない町のホテルに泊り、ホテルマンやコンシェルジュにお奨めの店を教えてもらったようなときは、戻ってから一言報告と感想と感謝の言葉を送る。それは、プロにとって、逆に大切な情報源となることだろう。「ホテル代払ってるんだから、いいや」などと思わないで、教える側の気持ちを察することが大切。プロだからこそ、あなたのお返しを大いに喜んで受け取ってくれるだろう。

どんなときでも、挨拶は「先手必勝」と心得る

「おはようございます」
「こんにちは」
「さようなら」

といった、基本の挨拶は、人間関係を開く入り口。挨拶を手始めとして、人と人とのお付き合いは始まる。では、社内で挨拶を交わすとき、あるいは顔見知りの近所の人と挨拶を交わすとき、あなたは、次のうちのどのパターンが多いだろうか。

①相手が年上（または上司）なら、自分から挨拶する。
②相手が年上（上司）でも年下（部下）でも、自分から挨拶する。
③あまり自分からは挨拶しない。

昨今は、挨拶ベタな③のタイプが増えているというが、最も気配りのある対応は②。つまり、いつでもどこでも「自分から」挨拶するということ。しかも、あたりまえだが挨拶は「明るく、元気に、笑顔で」。なぜなら、自分から積極的に挨拶することで相手も自分も気持ちよくなり、場の空気をやわらげることができるからだ。

①のタイプはどうか。挨拶は目下の者からするのがあたりまえと思っているとしたら、その人は挨拶一つでかなり損している。年齢や立場にこだわりすぎるあまり、人との温かなコミュニケーションがとれず、人間関係を狭めてしまうからだ。

後輩の立場で考えてみれば、違いはよくわかる。

もし、職場の大先輩から、

「おはよう！　あれっ、今日は早いね～。10時からの会議よろしく頼むよ」

などと気さくに挨拶されたら、後輩であるあなたは、その先輩に好感を持つだろう。そして、先輩がやさしく声をかけてくれたことをうれしく思う。緊張の極みにある新米社員などは、先輩の気配りにずいぶん助けられるだろう。

こうして、自分から挨拶した先輩の周辺では、人間関係がうまく流れる。

挨拶は後輩からするものと思っている先輩の周辺では、逆の流れが起こる。

もちろん、後輩は先輩が挨拶するまで待てと言っているのではない。**挨拶は、自分がどんな立場であれ、「いつでも、どこでも先に」と考える**こと。

もちろん、後輩の方から爽やかな挨拶を送れば、送られた先輩は気分がよくなる。

「こんにちは」と自分から挨拶できる子供は、周りの空気を明るくし、近所のおじさん、おばさんからも可愛がられる。

また、海外旅行先などでは、その国の挨拶用語くらいは覚えて使ってみるのが気配り。言葉はあまり通じなくても、たった一言挨拶するだけで心が通い、向こうもこちらも気分がよくなるものだ。

挨拶は先手必勝で、人間関係はどこでもうまくいく。

「喜び上手」「感謝上手」になるほど好かれるその根拠

友達がくれたハワイみやげを開けたら、Tシャツだった。

（本音：あれ～、この柄、ちょっと派手すぎない？）

後輩が近所で評判だというお店のコーヒー豆をくれた。

（本音：う～ん、紅茶は飲むけどコーヒーはほとんど飲まないんだ……）

引っ越し祝いに親戚から絵を送られた。

（本音：あれ～っ、この風景画、どの部屋にかけても浮いちゃいそう……）

こんな経験、誰でもあるだろう。では、何かもらったとき、それが自分の好みのものでなかったり、必要ないものだったとき、どうするか？
①気に入らなければ正直な気持ちを告げる。お礼を言っても「どうも」くらい
②何であれ、「ありがとう！」と感謝の気持ちを伝える
①と②の中間くらい、という人もいると思うが、気配り上手は当然②の反応をするだろう。そう、**気配り上手は、喜び上手、感謝上手**でもあるのだ。
確かに、欲しくないモノをもらうことはあるが、何であれ相手はあなたのために時間を割いてモノを選んでくれたことは確か。モノをもらうということは、その思い、つまり好意を受け取ることだと考えれば、自然と「ありがとう！」「うれしい！」の言葉は出て来るものだ。

そして、あなたが喜ぶほど相手もうれしくなる。ならば、よほどピントはずれや下心み

えみえの贈り物以外はもらったとき思い切り喜びを表現し、相手にも存分に喜んでもらったほうがお互いに幸せだろう。

受け取った後は、食べ物なら「美味しかった」、モノなら「さっそく使っている」ことを一言伝える。それだけで、相手は「気に入ってもらえたんだ」と安心するものだ。できれば、少し具体的に、

「ぷりぷりの感触で美味しかった」

「子供が一気に五つも食べちゃった」

のように言うと、感謝の気持ちが伝わりやすい。

クリーニング店を営むKさん夫婦のケースだが、新居祝いに知人からアートフラワーをいただいた。見た目に自分たちの好みではなかったが、相手の好意を大いに喜んで受け取った。

その後どうしたかというと、日常は、収納ケースに入れてしまってあるが、その知人が遊びに来るときは、急いで取り出し、玄関に飾るという。知人は、来るたびに「おおっ、飾ってくれてるんだね」と喜んでくれるそうだ。

このように、**いただいたモノを使っているところを見せる**のも気配り。

持ち歩けるような文具や、ネクタイやハンカチなど身の回りのものをいただいたときは、

その贈り手と会うときに、あえて持参する。

「大事に使ってますよ」というメッセージを送ると、相手はうれしくなって、またあなたを喜ばせる計画を立てるだろう。

他人を家に招待するときの四つの注意点とは？

誰かのお宅やオフィスを訪問したとき、落ち着かなくてすぐ帰りたくなったことはないだろうか。なぜだろう？

理由は簡単。室内の環境がよくないのだ。

あまり長居したくないお宅というのは、中に入ったとたん玄関に散乱する靴が目に飛び込んできたり、廊下にダンボールが所狭しと置かれていたり、ペットのニオイや生ゴミのニオイがぷ～んと漂っていたりして、「なんか嫌だな」と不快な気分になるものだ。

もしお客さんがこのような不快感を覚えたとしたら、その家の住人は気配りベタということになるだろう。

会社の独身寮に暮らすN氏は、上司の家に招かれたとき、すぐに帰りたい気分を味わった。

その日はあいにくの小雨模様。そのせいもあったのだろう。「よう、来たか」と迎え入れてくれた上司の笑顔は爽やかだったものの、一歩室内に入ったとたん、なんとも不快なニオイに包まれた。

湿気の多い日特有のかび臭さ、それに飼い猫のニオイと食べ物のニオイが複雑に入り混じってできる悪臭……。

しかも片付けの習慣があまりないのか、部屋中にモノが散乱し、床のあちこちに本や雑誌が積み上げられていた。しかもリビングに入ってすぐ目に付いたのは、雨のため室内に干してある山のような洗濯物。奥さんのものらしきストッキングや下着も目に付き、N氏は目線のやり場に困った。さらに気になったのは、ごみが溢れ出しそうになったごみ箱。もう何日も捨てていない様子なのである。

この経験から、N氏は「室内の不快さに住人は意外と気づかない」ということに気づいた。不快なニオイさえ、室内にいると嗅覚が麻痺して気づきにくくなるのだ。

以後、N氏は人を家に招くとき次のような気配りをするようになったという。

①あたりまえだが、室内のモノは片付けてすっきりさせる。

②嫌なニオイがしないよう空気を入れ替えたり、お香などを焚く。

③室内に干した洗濯物は取り込んでおくか、別の部屋に移動させる。
④ごみ箱の中はカラにしておく。

室内をきれいに保つことは、オフィスでもぜひ実践したいこと。嫌なニオイを充満させたり、散らかり放題のデスクを見せてお客さんを不快にさせてはいけない。また、ごみ箱の中は意外と目に付くところだけに掃除の手抜きは禁物。ごみが溜まりきったところで捨てるのではなく、少し溜まったらすぐ捨てるクセをつけたい。

室内環境が良くなれば、自分もお客さんも気持ちがいい。すると、会話もはずみ、オフィスであれば商談もスムーズに運びやすくなる。

常に「この室内に入ったとき、お客さんはどう感じるか」を意識しながら、不快要因を取り除いていこう。

スーツを着たときのボタンの留め方、はずし方

スーツというのは、立ってボタンを留めた状態のとき体に合うようにデザインされている。つまり、ボタンをきちんと留めてこそスーツのシルエットは映えるということになる。

確かに、立っているときや歩いているときにスーツのボタンを外すと、だらしない印象に見えるものだ。そこで、マナーブックなどにも、「立っているときスーツのボタンは留めるように」と書いてある。ボタンの留め方にもルールがあり、

「二つボタンの場合も、三つボタンも場合も、いちばん下のボタンははずして着用する」

というのが正式とされる。つまり、

①二つボタンのジャケットは、上のボタンだけ留める。

②三つボタンのジャケットは、真ん中のボタンだけ留めるか上二つのボタンを留める。

これが正しい。ただし、ボタンを留めた状態で座ると、立ったときは格好よく見えたスーツも不恰好に見えてしまう。シルエットがくずれて、窮屈な感じになってしまうのだ。服装が見た目に窮屈だと、それを見た人も窮屈な気分になる。

そこで、**座っているときはジャケットのボタンをあえてはずし、形よく着こなす**のが気配りということになる。マナー本にも書いてある通り、ジャケットのボタンを外していいのは座っているときだけ。だから、堂々と外してかまわないのだ。

ただし、それ以上リラックスしたいとき、つまりジャケットを脱ぐような場合は、人前でやらないのが気配り。人前でやたらと衣服を脱がないことはマナーだし、衣類を脱ぐ姿

は見た人の気を散らしてしまう。どうしてものときは、

「上着をとらせていただきます」

と断わってから脱ぐ。あなたが目上の立場なら、

「上着、脱がせてもらうよ」

と一言。そう言いながら、相手にも
「君も上着を取って、リラックスしたら？」

とすすめてあげるのが親切だろう。

もちろん、相手が女性の場合は話が変わる。「上着を脱いで」と言って変な誤解をうけないよう、「どうぞ、あなたもラクにしてください」と促す程度にとどめておこう。

靴と靴下にこそ気を使ったほうがいいって本当？

電車の中で乗客の服装を見るとはなしに見ていると、服装には十分気を使っている様子なのに、足元だけ〝落第〟という惜しい人がけっこう目に付く。

シートに座ったスーツスタイルの会社員の足元からスネ毛がチラリ……。靴下が短かす

ぎて落第。

一見ファッション誌から抜け出てきたようなセンスのいい会社員風の靴に目をやると、かかとが磨り減って汚れが目立つ……。靴を軽視しすぎているので落第。

その隣りに、かかとをわざと踏み潰した高校生。若者ファッションは特有のものであることを差し引いても、見た目にだらしない感じがするから落第……。

こんな具合で、電車のシートはときに足元で損している人たちの見本市となる。なぜそうなってしまうかというと、足元への気配りは、洋服の次になりがちだからだ。「足元ならあまり目立たないから、まぁいいか」という甘えもあるだろう。

しかし、足元の手抜きは、実はとても目立つのだ。

人材育成の専門家などは、人に会うとき「まず最初に靴を見る」そうで、たとえスーツやシャツに十分気配りしていても、足元まで行き届かない人は外見での評価はがた落ちだという。

くたびれた靴を履いているだけですべてぶちこわしになり、清潔感も信用度もアピールしづらくなるというから、さあ大変。見る人は、ちゃんと見ているし、訪問先で靴を脱げば、手抜きはあっさりバレてしまうだろう。

そこで、足元改造計画開始。

①かかとが磨り減ったら、すぐ修理する。

②毎日靴を磨く。

このあたりまえのことをやるのが、足元への気配りの第一歩。

何も高価な靴を履くだけが気配りではない。まずは大事に使い、きれいに履く。刷毛でさっと拭くだけでもやるとやらないでは大違いだ。新入社員用のマナー本を開くと、たいてい「きれいな靴をはくよう心がける」という内容が記されているが、もう一度初心に返ってその通りにする。

男性の場合、スーツスタイルのときには次のことも心がけたい。

①素肌を見せないよう、靴下の長さに気を配る。足を組んだとき、スネ毛が見えてしまうほど短い靴下はタブーだ。

②スラックスの折り目はきちんとつけておく。

③靴下の色は、靴やスーツの色に合わせ、お気に入りを選ぶ。

こうした気配りで、足元はぐっと引き締まってくる。

足元に意識が向くと、歩く足取りも軽くなってくる。その快適さを維持することで、外見の評価は自然とアップする。

人目に触れないところこそ キレイにしたほうがいい理由

初対面で名刺交換をするとき、肝心の名刺入れが見つからず、「ちょっとすいません……」と慌ててカバンの中を引っ掻き回す人がときどきいる。もしかしたら、あなたも当の本人になった経験があるかもしれない。

慌ててモノを探すときは人の目を気にする余裕もなくなり、限りなく無防備な格好になる。カバンの中身も無防備になり、のどアメや朝食用にかじった菓子パンの残りなど、意外なものが顔をのぞかせたりする。

名刺入れが見つからないのは、その人のしまい方がヘタなわけで、カバンの中身は、雑然としていることが多い。もしソレを見てしまったら視線をそらすのが周囲の人々の気配りだが、その前に、持ち主はカバンの中を整理整頓し、雑然とした身辺を人に見せない気配りをしたいものである。

散らかったモノを見た人は気が散る。きれいなモノを見ると人は気分がよくなるが、汚れたモノを見ると不快になる。だから、たとえカバンの中身であろうと、ごちゃごちゃの中身は人に見せない方がいい。

極端な言い方をすると、カバンの中身は、持ち主の人格や私生活を映し出す鏡。たとえ、外見はブランドもののスーツでピカピカに決めていたとしても、カバンの中身がごちゃごちゃだと見た方は幻滅。持ち主のイメージダウンにもなり、すべて悪循環となる。

財布の中身にも同じことが言えるだろう。

カバンの中が雑然としている人は、高い確率で財布の中身もごちゃごちゃになっている。お札、小銭、何かの会員証やレシートが一緒くたに放り込まれ、札束は少なくてもやたらと厚みがある。そんなお財布は、単に重いだけでなく人間関係のお荷物にもなってしまうだろう。

たとえば、レジで会計するときなど、ごちゃごちゃの財布からお金を取り出すのは時間がかかる。そのために、財布の中身は人目に触れやすくなる。必死で5円玉や1円玉を探す横で同伴者は嫌でも財布の中身を見てしまうことになり、「うわぁ、ひどい」と幻滅する。その不快感が、人間関係に影を落とすことにもなりかねないのだ。

そこで、気配りの行き届いた人の中には、普段使いの財布と外出用の財布を使い分けするケースもみられる。そこまではできなくても、まずは必要の無いカードは財布から取り出したり、レシートも数日置きに取り出して整理するくらいの気配りはしたい。

真に気配りできる人は、人目に触れないところにまで目を行き届かせる。**すっきり整理整頓しておけば、自分はもちろん周囲の人の心の中までもすっきり整理される**ものだ。

一流の気配りは一流ホテルマンの「サービス」に学ぶ!

気配り上手な人は、記憶の達人である。相手の好き嫌いを記憶することで適切なサービスができるからだ。

そのよきお手本が一流ホテルのサービス。

国内外を問わず「一流」と評されるホテルで心に残るサービスを受けたという話はよく聞く。

・宿泊するホテル内のレストランでビールを飲んだとき、ナッツが美味しいのでおかわり。その夜、食事を終えて部屋に帰ると、例のナッツが窓際のテーブルにさりげなく置かれ、「夜のビールのおともに」というメッセージが添えられていた。

・いつもちょっと外出したすきに部屋の掃除が完了していて、帰館するとシワ一つないシーツの上に横になることができる。

・浴衣やシーツに糊をつけないようにと頼んだら、次回宿泊したときもそのようになっていた。

・紅茶が好きなので紅茶のティーバッグを多めに欲しいと頼んだら、次回はコーヒーより紅茶が多めにセットされていた。

こうした痒いところに手が届くサービスの裏にあるのは、記憶力以前に「観察力」。スタッフがお客さん一人一人の好き嫌いや行動パターンをよく観察し、きちんとデータ収録しなければできないことだ。

つまり、気配り上手は「観察上手」なのである。

これをヒントに観察力を高めていくことで、私たちももっと気配りを働かせることができるだろう。

観察対象は、相手の①好き嫌い②趣味やこだわり③生活環境④性格など。つまり外側から中身まで、相手を知るということ。実は誰でもやっていることだ。

たとえばAさんは「飲み物はコーヒーより紅茶が好き」、「料理は和食党」、「甘党で和菓子好き」、「スポーツはサッカーが好き」……。これだけの観察をするだけでも、Aさんを招くときに出す飲み物や食事に気配りができるし、和食の美味しい店の情報を伝えたり、サッカーの話題を提供したりと、日常的にAさんが喜ぶサービスをすることができるだろう。

もちろん、ある程度親しい仲であれば、好き嫌いや趣味程度の観察は簡単にできるが、その**〝観察結果〟を、具体的なサービスに移せるかどうかが、気配り上手になれるかどうかの分かれ目**。

贈り物をする場合、ブランド品へのこだわりが強い人か、むしろモノより心を大切にする人か、によってもサービスの仕方は大分変わってくる。たとえば、モノ以前に気持ちを大切にする人には、高価なブランド品を贈るよりは、気の利いたカードに心のこもったメッセージを贈る方がきっと喜ばれるだろう。

こうした相手の心もうまく読み取りながら、押しつけがましくならないサービスをしたいものである。

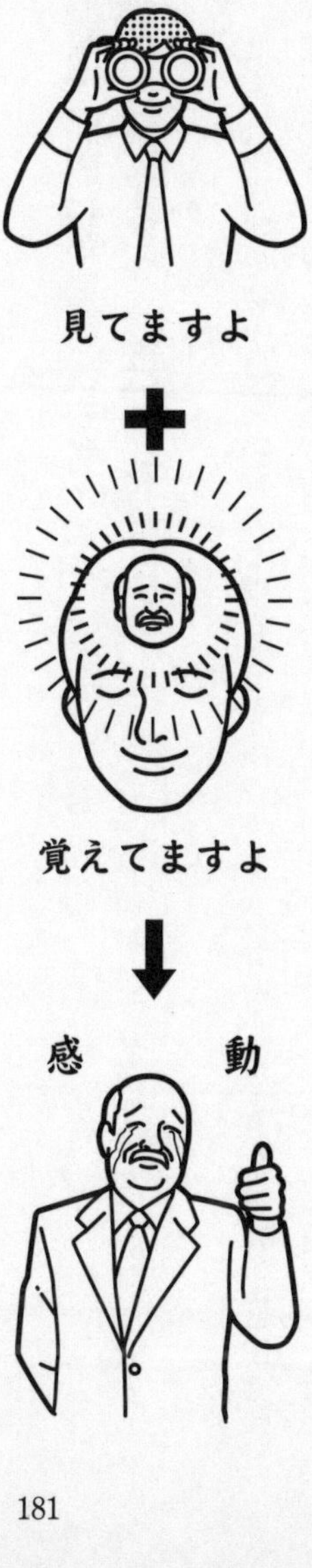

印刷した挨拶状でも「手書きで一筆」を忘れない

最近は年賀状や暑中見舞いもメールで済ませてしまう人が増えてきたし、若い世代では、季節の挨拶状を送るという習慣そのものが軽い扱いになってきている。「年賀状？　ほとんど書きませんねぇ……」そんな時代だからこそ強く印象に残るのが自筆の手紙や葉書である。表書きから通信文まですべて手書きという手紙や葉書は貴重なので、受け取ったとき「丁寧な人だな」と感じるのではないだろうか。

不思議なもので、同じ文面でも、印刷と手書きでは印象が大分違う。印刷のみだと儀礼的で味気ないが、**手書きだと字の上手い下手に関わらず心が通った印象になる**。

気配りできる人は、こうした手書きの効用をよく知っている。

ここ数年営業成績は常にトップクラスという某薬品メーカーのB氏の場合は、仕事で世話になった人への礼状をその日のうちに手書きで書いて送るのが習慣だという。その効用は、次回に会ったときの相手の対応で実感できるという。

また、都内のブティック店員Sさんは、お客さんが購入した品物を手渡すとき、手書きの一言を添えた名刺を一緒に渡すという。

「本日は、ご来店いただき誠にありがとうございました。またのお越しを心よりお待ちしております」

この一言があると、お客さんは好印象を持つようで、一筆のない名刺を渡していた以前よりも再度来店してくれることが多くなったとか。

手書きで一筆の効用は思った以上なのかもしれない。

そこで、たとえ印刷した挨拶状であれ「自筆の添え書き」だけは忘れないようにする。しかも、その添え書きの内容は、その人のために厳選した一言にするのが、気配り上手な人のやり方だ。

もちろん、「元気ですか？」「また遊ぼうね」だけでも添え書きがあるとないでは違うが、さらに一歩踏み込んだ言葉を送る。たとえば、よく一緒に食事をする人なら、

「今度は○○の○○レストラン、ご一緒しませんか？」

アマチュアオーケストラに所属している人なら、

「今度の定期演奏会、楽しみにしています」

ペットを可愛がっている人には、

「リスザルのリーコちゃん、元気ですか？」

など、些細なことでもできるだけ個人的な話題に一言触れるのがコツ。その一言が自分だけに送られたと感じられるほど受け取った側は好感を持つだろう。人は誰でも「自分を特別の存在だと思って欲しい」という願望を持っている。その願望を満たしてくれるのが、「手書きで一筆」の気配りなのである。

自己アピールの前に気を配らなければいけない本当の相手

試合でいい結果を出した選手は、試合後のインタビューで、

「応援してくださったファンや多くのスタッフのみなさんのおかげです」

という感謝の言葉をよく述べるものだ。そのコメントを聞けば、誰でもその選手に好感を持つだろう。もしも自己アピールばかりでは、ひとりよがりな人間という印象を強く残し、ファンの心も離れてしまうかもしれない。

実際、そのような気配りのないコメントを聞くことはほとんどないが、一般社会に置き換えて考えてみると、どうだろう。ひとりよがりな発言で自分の首を締めてしまう人はどの集団にもいるものだ。

たとえば、仕事で何か評価されたときに、「自分がやった」という自己アピールばかりだと、必ず反感を買う。

チームの働きが評価されたときに、「部下が動かないもので、結局、私がほとんどやりました」と裏事情を誰かに話した上司は、結果的に信用を失う。ほとんど部下がやった仕事を自分のお手柄にする上司も同様である。

そこで、目立つ活躍をしたときこそ気配りなのだ。その気配りとは**支えてくれた人を立て、感謝する**ということ。

チームの仕事が評価されたとき、そのチームのトップにいる人間は、「みなさんの協力がなければ、決してできなかった。ありがとう」と部下を立て、感謝の言葉を口にする。

「すごいね」「よくやった！」とほめられたときこそ、結果を出したスポーツ選手のように「みなさんのおかげで……」の姿勢を示す。

実際、一つの仕事を成し遂げるためには、複数の人間が必ず関わってくる。映画やテレビ番組の制作なら、最初に企画を発案するのは一人の人間でも、その企画が世に出るまでには現場で撮影にあたるスタッフやキャスト、ＰＲするスタッフ、雑用をこなすスタッフなど、実に大勢の人の力が働くものだ。

規模の大きな仕事であれ小さな仕事であれ、一人の力だけでできる仕事などない。

ところが、人は評価されるとつい有頂天になる。そこが落とし穴で、有頂天になったときに、「自分の力でやった」と思い、支えてくれた人の姿が見えなくなってしまうことがあるのだ。すると、結果的に周囲の人の心は離れ、孤立してしまうことになる。

逆に、気配りを忘れずにいれば、周囲の人の心をますます引き寄せ、「この人を応援したい」という思いが集まる。結果、より大きな仕事を成し遂げる力が生まれるだろう。気配りできるかできないかで、まさに正反対の流れになるわけだ。

気配りの波及効果は計り知れない。目立つ活躍をしたときこそ、そのことを肝に銘じて、有頂天になりそうな自分をコントロールしていきたいものである。

相手の気分がよくなる「姿勢」、不快になる「姿勢」

平気で地べたに座る若者が増えている。コンビニの前や駅の構内、電車の中の通路でベタッと座る彼らの姿を見たとき、上の世代の人間は、たいてい「不快」と感じるだろう。

不快を超えて、「もっとシャキッとできないものか」と怒りさえ覚える大人がいても不思議はない。

このように、人の姿勢は、人の気分にかなりの影響を及ぼす。

海外出張で長く日本を離れていた人などは、久しぶりの日本で地べたに座る若者を見て「気分が悪いのか？」と本気で心配するし、会社の同僚が背中を丸めて出社すれば「何かあったの？」と声をかけたくなる。

つまり、ダランとくずれた姿勢というのは、人を不快にしたり、心配にさせたりと、マイナスの感情を刺激するのである。

接客ということを考えてみても、姿勢の影響力は絶大であることがわかる。たとえば、訪問先の人が、腕組みしたり足を極端に開いたりと妙な格好で対応したとしたら？　何だか見下されたようで、いい気分にはなれないだろう。また、相手がふらっと所在なげに立っていたら、「この人自信がないのかな？」「大丈夫かなぁ？」と気になるのではないだろうか。

逆に、**いい姿勢は見た人に快い感情をもたらす**。

たとえば、一流といわれるホテルやレストランの従業員は、姿勢がいいという点で共通している。背筋がピンと伸び、颯爽と歩く彼らの姿を見ると、それだけで接客された方は気分がよくなるものだ。

姿勢は無言のメッセージ。だから、他人と向き合うときは、常にいい姿勢でいる気配りをしたい。意識的にでも背筋をピンと伸ばし、ヒザを伸ばし、前傾にも後傾にも偏り過ぎない姿勢ですっくと立つ。座るときも、背筋の緊張感を維持する。いい姿勢を保つと、人を快くするだけでなく、こちらの気分もシャキッと引き締まるものだ。

さらに、姿勢と健康との関わりも無視できない。悪い姿勢がクセになると、背骨が変な格好でゆがみ、そのゆがみが内臓にも悪影響を及ぼすのだという。つまり、悪い姿勢は不健康、よい姿勢は健康に結びつくということ。

健康な心身を育てれば、ますます人と快く向き合えるようになる。よい姿勢の相乗効果は計り知れないのだ。

Step5
さりげなく上をいく「日常」の気配り

他人が落としたモノを拾って渡すときの気遣いのツボ

自分の前を歩いていた人や近くに立っていた人がうっかりモノを落とし、気づかずに行ってしまったとする。

こうした現場に遭遇したとき、あなたはどうするか。

①すぐに拾い、相手を呼び止めて渡す。

②すぐに拾って相手を呼び止め、ちょっとだけ埃を払うなどしてから渡す。

③そのまんま見て見ぬフリ。

最近は、何でも見て見ぬフリをする人が増えているとはいえ、落とす瞬間を目撃すれば、①の行動に出る人が多いのではないだろうか。

うっかり落としても気づきにくいモノといえば、ハンカチ、折りたたみ傘のカバー、本のしおり、カメラのケースなど、軽いモノや何かの付属品など。

都内に住む会社員のKさんは、ある雨の日、定期入れを取り出そうとした瞬間に折りたたみ傘のカバーを落としてしまった。

両手に荷物を抱えて移動中のこと。そのまま気づかずスタスタ歩いて改札口の近くまでいくと、

「落としましたよ！」

の声に呼び止められ、振り向くと、小柄な中年女性が傘カバーを手に持って駆け寄ってくる。

「あっ、どうもスミマセン！」

Kさんがあわてて言うと、その中年女性は手渡す直前に傘カバーについた埃をぱっぱっと払ってから手渡してくれた。

「ありがとうございます！」

その、一瞬の気配りに、Kさんの心にほんのり温かいものが残った。

このときの女性の行動パターンは②。これがなかなかできない。

パターン①まではできても、パターン②ができる現代人が少ないために、女性とのワンシーンはKさんの心に強く残ったのだろう。

考えてみれば、**拾った落し物の埃を払うのはたった数秒。この数秒を惜しみなく使うことができれば、モノを拾った方も、拾われた方も気分がよくなる。**ぜひ身に付けておきたい気配りだ。

タクシー、飛行機、エレベーター…「上座」についての大きな誤解

社会人ともなると、部屋や乗り物の上座・下座くらいは理解しておかないと話にならない。一般に、ドアや出入り口から遠い所が上座、ドアや出入り口の近くが下座で、お客様は上位の人から上座に着席してもらう。席次つまり座る順番を意識して行動することは、気配りの「基本のキ」であり、大人の常識。では、ここでちょっと、あなたの〝上座理解度〟を乗り物でチェックしてみよう。

Q1　タクシーやハイヤーの上座・下座は？

Q2　新幹線（列車）の上座・下座は？

Q3　飛行機の上座・下座は？

Q4　エレベーターの上座・下座は？

さっそく正解に移ろう。

まずQ1。タクシーやハイヤーの場合、4人で座るときは、運転席のすぐ後ろが最も安全とされる最上席、二番目は後部座席のもう一方のドア側、三番目は後部座席の中央、末

Q1

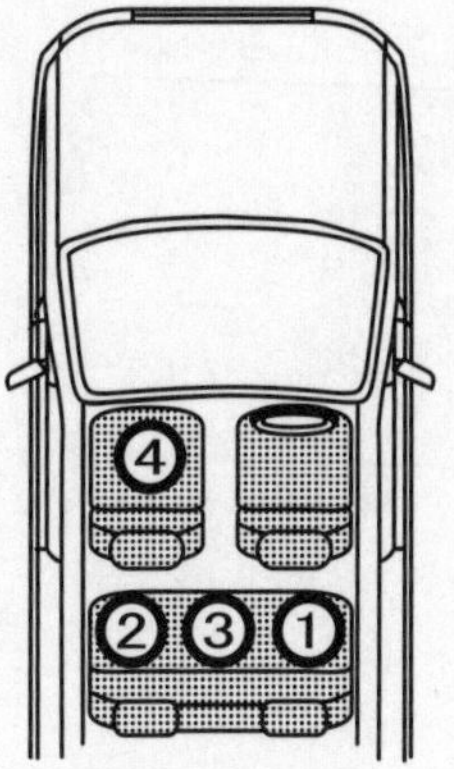

Q2

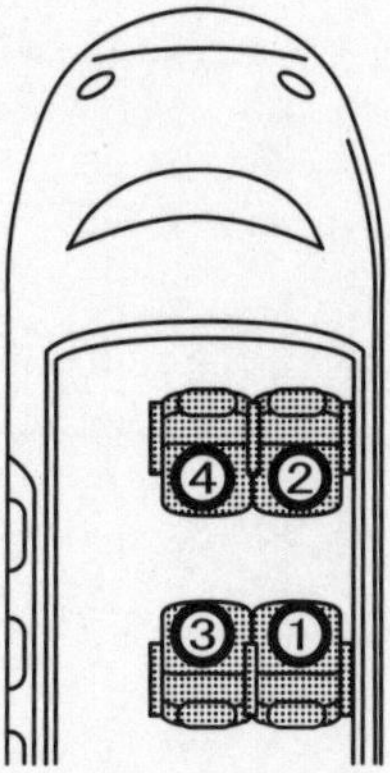

Q3

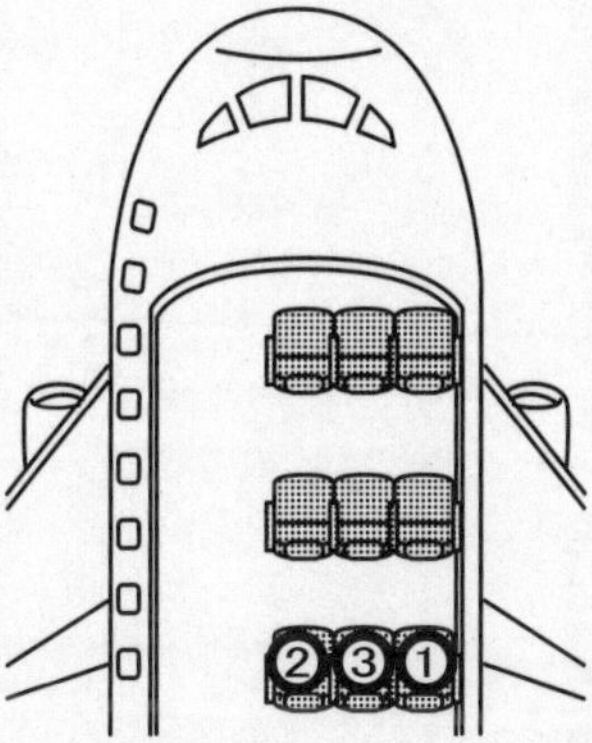

Q4

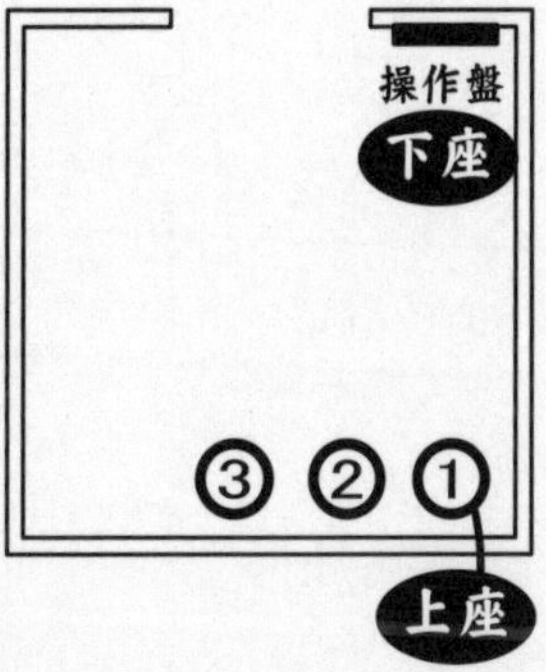

席は最も危険度が高いとされる助手席となる。三人の場合は、後部座席に二人、助手席に一人が座る。

ただし、自家用車の場合はちょっと変わる。目上の人や接待する人が運転するときは、助手席が上座になるため、そこは間違えないようにしたい。

Q2の新幹線（列車）の場合、4人がけの席では進行方向の窓側が最上席、次がその向かい側、進行方向の通路側が3番目、末席はその向かい側。

3人がけの場合、座りごこちが悪いとされる真ん中が下座になる。

Q3の飛行機も、窓側が上座、通路側が下座という点は同じだ。

ただし、これら上座・下座のルールは、あえて逆らったほうが親切な場合もある。

たとえば、飛行機の座席でいえば、女性や高齢者はトイレに立ちやすい通路側の方を好む場合が少なくない。

タクシーやハイヤーも、運転席の後ろより反対のドア側の方がラクに乗れていいと思う人もいる。

会議室や応接室の場合、エアコンの風が当たり過ぎるような場所は、たとえ上座でも居心地はよくないだろう。

そのへんの**状況や好みに応じて、相手が喜ぶ真の上座に誘導できてこそ、気配り上手**と言えるだろう。もし、あえて上座でない席を勧める場合は、「ちょっとこちらは冷えすぎるので」のように、理由をきちんと伝えれば失礼にあたらない。

最後にQ4。これは意外と見落としがちだが、エレベーターにもちゃんと上座がある。もちろん空いたエレベーターであることが前提だが、入り口から見て左側が上座。次がその横。ボタンの操作盤の前が下座。そこで、お客様は先に乗せて人の出入りの少ない上座に誘導し、自分はあとから乗って操作盤の前に立ちボタン操作を行なう。降りるときもお客様が先で、自分はあと。

ただし、あなたが末席の操作盤前に立ったとしても、後ろのお客様におしりを向けないよう、体をちょっと斜めにして立つ気配りも忘れないように。

さりげなくお客様を上座に誘導するちょっとしたコツ

ビルの廊下を歩いているときや角を曲がった瞬間などに起こりやすいのが、出会い頭の〝衝突〟。相手が小走りでコーナーを曲がったとすれば、ぶつかったときの衝撃はかなりのもので、事故につながる危険もある。事故に至らないまでも、手に持っていたものを廊下に盛大にばら撒く、なんてことにもなりかねない。

そんな危険を回避するべく、一流ホテルのホテルマンは、**コーナーを曲がるとき、「できるだけ大きく曲がる」**という気づかいをするという。なぜなら、コーナーは大きく曲がった方が見通しがよくなり、向こうから来る人の様子をチェックできるからだ。

こうしたホテルマンの気配りは、私たちも実生活でそのまま応用できる。忙しい現代人は、ついどこでも最短コースで歩きたがるが、廊下のコーナーにおいてはできるだけ大きく曲がり、お互いの衝突リスクを回避するといい。最短距離でも最長距離でも時間差はほんのわずかなのだから。

ところで、前項で部屋や乗り物の上座・下座について触れたが、実は廊下にも上座・下座的な位置関係がある。

上座といえる位置は廊下の中央。

そこで、お客様を案内するときは廊下の中央を歩けるように誘導し、自分はドアのない壁側を歩くようにする。コーナーを曲がるときは、反対側を歩く人を確認し、お客様にとって安全なルートを確保していく。

出会い頭の衝突は、廊下にかぎらず路上でも起こり得る。その場合、人間衝突にかぎらず、自転車との衝突というリスクも加わり、ますます危険。そこで、路上を通行するときも最短距離で行くのを避け、コーナーでは対抗者や対抗自転車を確認できるほど余裕を持って、大きく曲がる。

さらに、**廊下でも路上でも、通行妨害をしない**ようにしたい。

よく仲間同士が横並びで歩いているのを見かける。しかも、おしゃべりしながらのダラダラ歩き。気づかないうちに道や廊下に人の壁を作って、後ろの人の通行を阻んでいる。

「後ろの人の迷惑にならないように、タテに並んで歩きましょう」

と、小学生のとき言われたことさえ守れない大人がけっこういるのだ。

そこでもう一度復習。公共の場はみんなのもの。一歩外に出たら、前、横、後ろに目を光らせ、皆が安全かつ快適に歩けるように気を配ろう。

あえて目をそらしたほうが好感をもたれるケース

とある日曜日、会社員のY氏は近所のスーパーに買い出しに行った。食材をアレコレ買って、レジの前に並んでいると、後ろにいた見知らぬオバサンがY氏のカゴの中をじ〜っと覗き込み、いきなり話しかけてきた。

「ねぇ、エリンギって固くて食べにくくない？」

「はぁ!?」驚くY氏。何となく目に止まったので、カゴに入れたエリンギ。炒め物にでもしようかと思った。それをいきなり話題にされるとは……。

そして、オバサンは、自分は「エリンギはどう調理しても固いので食べづらい」ということを訴えたのだった。

「よくわからないですが、ボクはあんまり気になりません……」とかなんとか言って、早々に引き上げたY氏だが、買った食材を覗かれるというのは、改めて照れくさいものだと感じた。

このオバサンのように、人のカゴの中身について意見を述べるケースは稀としても、ジロジロ覗き込む程度の人は珍しくない。スーパーや薬局などで時々遭遇するが、自分の生活を覗かれたようで何となく薄気味が悪い。人間には縄張り意識というのがあるので、他人にいきなり接近され、縄張りをおかされると本能的に不快感を抱くものなのだ。

このように、覗かれる身の不快さを知れば、**覗かないことが気配りである**ことがわかるだろう。

スーパーや薬局では、他のお客さんのカゴの中味は覗かないのが気配りだし、電車の中では人の本や新聞や手に持っている書類や携帯画面を覗き込まないというのも気配り。

顔見知りの関係でいえば、人のカバンの中身や財布の中身、そして相手の手帳やスケジュール帳を覗き込まないという気配りも大切だ。商談中、よくお互いのスケジュール帳を開いて、

「次回はいつにしましょう?」

とやることがあるが、このとき、相手に自分のスケジュール帳をジロジロ見られたら、あまりいい気はしないだろう。

中には、びっしり書き込まれた予定を見せて「俺はこんなに忙しいんだぞ!」と自慢したい人もいるだろうが、それはたぶん少数派。スケジュール帳には、他社との商談の予定、プライベートな予定なども書き込んであることが多いから、あえて見せたくはないという人がほとんどだろう。

そこで、誰かがスケジュール帳に何か書き込んでいるときは、あえて視線をそらすくらいの気配りをしたい。また、講演会の会場などで記帳をしてもらうとき、申込書に記入してもらうときも、相手の手元は覗き込まないほうが感じがいいし、相手が漢字を「度忘れ」したようなときも、見てみぬフリ、気づかぬフリをするのが親切だ。もちろん、

「○○ってどう書くんでしたっけ?」

と助け舟を求められたときは、快く応じよう。

「お客はエラい」という発想は一度捨ててみる

駅の売店で新聞や雑誌、タバコなどを買う人は、たいてい急ぎ足。乗降客の多い駅の売店では、ラッシュ時ともなると、そんなお客さんが一時的に集中し、嵐のような大混乱になることもある。

人間はもともと自己中心的に行動する生き物だが、急いでいるとそれが顕著になり、買い物の仕方にもそれがあらわれる。

電車に乗り遅れまいと欲しい新聞を急いで引き抜き、無言で小銭を置いてダッシュする客。「おばさん、お釣り早くして」とお釣りを催促する客。「コレいくら?」と大声で値段を聞いてくる客。皆、自分のことしか見えてない。

これら慌しく行き交う人々に対し、売り子はときに神業的手際のよさで対応していく。そこには、「できるだけ早く、効率よく」を求めるお客さんへの気配りがあるはず。つり銭の渡し方一つにも、コツがあるはずだ。ところが、たいていの客は、こうした売る側の気配りを感じる余裕すらない。

ある日、会社員のO氏が、営業先への移動中に新聞を読みたくなり、駅の売店に立ち寄った。渋谷駅。財布の中を見ると、5000円札と小銭が数個しか入っていない。そこで、

「5000円札しかなくて、悪いね……」

の一言を添えて新聞を買うと、売り子の女性から意外な言葉が返ってきたという。

「あらぁ、そんなこと言ってくれた人、初めてだわ！　うれしい！　ありがとう」

そして、女性は本当にうれしそうな顔で、O氏に釣り銭を差し出した。

O氏は単に小銭がないことを詫びたのだが、それが女性の心に強く響いたようだ。裏を返せば、それだけ売り手に気配りする人が少ないということ。「お札しかなくて悪いね」の一言を言う代わりに、「早くお釣りちょうだい、急いでるんだ」と催促する客の方がずっと多いことが改めてわかる。

このエピソードから、確かに自分も今までそうだったと感じた人も少なくないだろう。

急いでいるときほど忘れがちになるのが、「売る側の人」「サービスする側の人」への一瞬の気配り。それに気づいたならば、ちょっと反省。

そもそも気配りとは、相手の心を察して思いやりの気持ちを言動にあらわすこと。自分のメリットを考えてするものではない。お客の立場に立つとついそれを忘れがちだが、どんな場でも、相手の心を気遣うという心の余裕を持って、人と接していきたいものである。

雨の日の傘の扱い方でわかる「気配り度」チェック法

急な雨。傘が無い……！　誰でも遭遇するそんな緊急事態では、周囲の人の気配りの有無がよく見えるものだ。

たとえば、タクシー乗り場。

屋根のないタクシー乗り場だと、傘の無い人は、雨にぬれながら待たなければならない。終電近くともなるとスーツを雨でぬらした乗客が列を作り、読み終えた新聞やハンカチを頭にかぶるなどして、空車の到着を今か今かと待っている。

そんな中に、ちらほら傘をさしている人がいると、前後の傘のない人間は、ますますぬれそぼる、という不運に見舞われる。ザーザー降りのときなど傘の先から雨の雫《しずく》が流れ落ち、前後に並んでいる人の肩にポタポタと落下するのだ。どうせ雨にぬれているのだから同じ、と言われればそれまでだが、実際に体験してみると意外に気になってしまう。

あるとき、このような状況で、会社員のB氏は気配りの人と出会った。頭に新聞をかぶるスタイルでタクシーを待とうとしたら、

「いっしょにどうですか？」

と前にいた女性がB氏に傘をさしかけてきたのだ。女性の前に並んでいたカップルは一方が傘を持っていたため、後ろに並んでいたB氏に気配りをしてくれたわけだ。女性は見た目に30代のOL風。こうして、不快なはずのタクシー待ちの時間は、予期せぬ相合傘の時間に変わった。幸い、タクシー待ちの列はどんどん短くなり、すぐに女性の番が回ってきた。しかし、女性は、

「私は傘がありますから、お先にどうぞ」

と、B氏に先に乗るよう、すすめてくれたのだ。

「ありがとうございます！」

その好意にこたえてB氏は乗車し、とてもいい気分で家路についたという。

B氏が出会った女性は、まさに雨の日の「気配り王」のような人物。

①タクシー待ちのとき、傘のない前後の人に傘をさしかける。

②傘のない人に先にタクシーに乗ってもらう。

みなさんには、この二つのことができるだろうか？

もしこれができたら、相手は思った以上に快い気分になり、その人の心の中にあなたは強烈な印象を刻むことだろう。

他にも、傘を持っているときには、こんな気配りも忘れずにしたい。

③狭い道を傘をさして歩くとき、人とすれ違ったら相手とは反対側にちょっと傘を傾ける。

こうすると、傘同士の衝突が防止でき、相手の肩に雨の雫を落とすこともない。

④ジャンプ傘は、水しぶきが飛び散らないように自分の体に十分引き寄せてから開く。

⑤ぬれた傘を閉じるときは、近くに人のいない場所を確保してから。近くの人に水が飛び散らないように注意を払う。

⑥電車の中では、濡れた傘は自分の体に引き寄せ、人の服をぬらさないようにする。

⑦階段の上り下りのときは、地面に対してまっすぐ傘を持ち、斜めにならないようにする。

これらは、あたりまえだけど意外にできていないこと。傘の扱い方を誤ると人を傷つける危険もあるため、十分気配りして使いたい。

レジ、券売機…行列に並ぶときに忘れてはいけないルール

たとえば駅の自動券売機。最近は「Ｓｕｉｃａ」や「パスネット」の使用者急増でチケットを買う人はガクンと減っているかと思いきや、意外とそうでもない。利用者の多い駅

では、ラッシュ時や休日など、けっこうな行列が出来ている。たまたまカードを忘れたり、チャージが必要だったり、と個々の事情があるのだろう。ところが、この行列がクセモノ。並んだとき、前の人がスローモーだったばかりに、悔しい思いをしたことはないだろうか？

チケットを買う段になってから、路線図をキョロキョロ見上げて行き先までの値段を確認し始める人。

財布の中から小銭を一つずつ取り出してはゆっくり、ゆっくり券売機に入れる人。

買う番が回ってきてから、財布を探し始め、なかなか見つからない人。

おかげで列は一向に前に進まず、回転の速い他の列の人たちにどんどん追い越されるという不運に見舞われる。たった数秒のロスで、予定の電車に乗り遅れてしまうこともあるだろう。そうならないためには、〝不運な列〟を嗅ぎ分けて避けるしかない。たとえば、小銭を用意する気配もなくボ～ッと立っている人やケータイに夢中の若者の多い列……といっても、嗅ぎ分けはあくまで直感に頼るのみ。

気配りできる人は、**行列の一員として「スピーディーな流れ」を作るための協力を惜しまない**。あたりまえのことだが、行き先までの金額や財布のありかは事前に確認しておく。小銭でも紙幣でも使う分はすぐ取り出せるようにしておく（または取り出しておく）。あまり大量の小銭は使わない。万が一チケット代がわからなかったり財布が見つからなければ、一度列を離れ、後の人に先をゆづる。一人一人がそれをやった列と、やらなかった列とでは、流れのスピードが歴然と違ってくる。

券売機に限らず、スーパーのレジや銀行のATMなど、行列が出来やすく、しかも急いでいる人の多い場所はどこでも気配りが問われる。

レジに並ぶときは、支払う前に1円単位の小銭まで用意し、小銭がなければお釣りで手間取らない支払い方をする。ATMの使用に時間を要する場合は、昼時など混雑する時間帯を避けて利用する。たとえば数ヶ所に振込みをする場合などがそうだ。

後ろに人が並んでいても知らん顔のマイペース、というのはいただけない。兎にも角にもテキパキ行動。自分の番が回ってきたら、1秒でも早く済ませることが行列の一員としての気配りの基本である。

損得抜きの小さなサービスを積み重ねることの効用

すでに触れたように、自分が知っている人、または得になる人にだけ気配りするというのでは本当の意味で「気配りのできる人」とはいえない。

たとえば、ビルや店舗の「出入り口のドアの開閉」について考えてみよう。あなたは、普段次のうちどちらの行動を取ることが多いだろうか。

①後ろは確認せずにドアを開閉するのが常。

②必ず後ろを確認し、すぐ後に続く人がいればドアを手で押さえて開けたままにしておく。

言うまでもないが、気配りができる人の行動パターンは②のようになる。

ところが、②はあたりまえだけど、意外にできていないこと。会社では社員の目があるためドアの開閉にも一応気を使うが、一歩外に出れば気配りを省略してしまう人が実に多いのである。このタイプは、知らず知らずのうちに損得勘定が働いているのだろう。つまり、自分の得にならないサービスはしない。顔見知り以外の人に余計な労力は使わない。中には、会社であろうとなかろうと後ろの人をまったく確認しないという気配りベタもいる。おかげで、

「前の人が勢いよく開閉したドアにぶつかって額を切ってしまった」

「子供を抱っこしていたので、前の人が開閉したドアを手で受け止めきれず、バランスをくずして転びそうになった……」

など、被害者達の声は後を絶たない。安全性を考えても、まずは**後ろを確認してからドアの開閉を行ない、後ろの人のために開けたドアは手で押さえておく**。いつ何時でも、後ろの人の気配を感じるくらいの心の余裕は欲しいものだ。

安全性といえば、事故が続発しているエレベーターも、見知らぬ人への気配りが強く求められる場だ。降りる人がすべて降りてから乗る。エレベーターにあとから乗ってきた人に、「何階ですか？」とたずね、ボタンを押す。

もちろん、自分が気配りを受けたら、「ありがとう」「ありがとうございます」と感謝の気持ちを言葉や目線で返すことは忘れずに。

つけ加えれば、エレベーターに乗るとき、前に乗っている人が一人か二人程度なら、軽く目礼する。これは後から乗る人の先に乗っていた人への気配り。たった数秒でも、これによって密室の空気がなごみ、安心感が増すものだ。

出前の器を返すときの一番大事なポイント

共同住宅では、たいてい「玄関ホール、廊下など共用部分でのゴミ、私物、出前の器などの放置は禁止！」といったルールがある。

このあたりまえのルールが意外と守られていない。出前の器については、単に公共部分に置くだけでなく、器を洗わずに出してしまったり、食べ残しを器に入れたまま出したりと、マナー以前のマナーを守れない大人たちが大勢いるのだ。汚れた器は、それを見るすべての人を不快にさせる。中でもいちばんの被害者となるのは回収する人間だろう。

都内にあるそば店の店員B氏は、「出前であちこちのお宅をまわっていると、そこの住人の人間性がよく見えるんですよ」と言う。

B氏によると、汚れたままの器、食べ残しを入れたままの器を回収することは日常茶飯。特に夏場はたまらない。器を回収にいくと、中から異臭がしたり、ハエがたかっていることもある。お椀の中に残されたソバツユをうっかりこぼしてしまい、事後処理に手間取ることもある。

それだけに、逆に気配りのあるお宅に行くと、うれしくなってしまう。

では、どんな器の出し方が、回収者にとって親切なのだろうか？

「器をきれいに洗っていることはもちろん。器が汚れないように新聞広告やチラシを器の下に敷いたり、器の上にかぶせておいてくれるお宅は親切だと感じます。また、スーパーのレジ袋などに器を入れておいてくれると、回収しやすくて助かります」とB氏。

器は、お店にとって大切な商売道具。気配りできる人は、その**大切な器が汚れないようにできるかぎり配慮する**。天候の不安定な日は特に注意し、屋外に出す場合は回収時間を計算して、その直前に出すようにする。

「『ごちそうさまでした。おいしかったです』のメモ書きが器の中にあったときはとてもうれしかったですね」

B氏も証言する通り、出前は食べたらおしまいではない。回収者が快く回収できるよう、食べた後の気配りを忘れずに。

カップ、お箸…
左利きの人には、セッティングを逆向きに

左利きの人の気持ちは、右利きの人にはなかなかわからない。

右利きの人は、普段あたりまえのように右手でお箸を持ってごはんを食べ、右手でカップを持ってコーヒーを飲み、右手で字を書く。それで不自由を感じることもないから、利き手というものを意識すること自体あまりないだろう。

ところが、少数派の左利きの場合はちょっと違う。この社会は右利きの人中心に作られ

ているから、どうしても不便を感じる機会は多くなる。

テーブルマナーも右利きのために作られているし、茶道の作法も、右利きが前提。左手でお茶を立てるのは、もちろん邪道である。

また、西洋料理を食べるときは左手にフォーク、右手にナイフを持つのがマナーだが、右手で肉や魚をカットする作業は、左利きの人にとってはやっかい。ナイフやフォークを扱う手元を見て「へ～、左利きなんだ」と珍しがられると少々うっとうしくもなる。

気配りのできる人は、左利きの人の心情を決して見逃さない。

常連客の多い旅館や料亭などでは、左利きのお客さん対応のサービス裏マニュアルがあるという。といっても実に簡単なもので、料理を出すとき、そのお客さん用のお箸の向きを逆にして置くのだ。逆にするだけとはいえ、できそうでなかなかできないこと。もてなしを受けたお客さんはホロリ、大感激してしまうそうだ。

こうしたプロの気配りは、私たちも日常生活の中で応用することができる。

家にお客さんを呼んだときは、左利きのお客さんのお箸を逆にセッティングしてみる。コーヒーや紅茶を出すときは、カップの取っ手の位置を逆にして置く。一般的には、カップの取っ手は左側、スプーンの柄は右側にして手前に置くが、左利きの人に対しては取っ手を右側、スプーンの柄は左側にして置くと親切になる。

会社では、よく訪れるお客さんのカップやお箸の持ち方、字の書き方を見るとはなしに観察しておき、左利きのお客さんは誰と誰かを覚えておくといい。わかったら、次回からは左利き対応のサービスを心がけてみてはどうだろう。

もう一つ覚えておきたいのが座るときの左右の位置。

あなたが右利きと仮定して、食事時に左利きの人と並んで座る場合、あなたはあえて右側に座るといい。なぜなら、左利きの人は左手でお箸を持つため、左側に人がいると「腕が当たらないだろうか」と気にしてしまうからだ。実際、お箸を持った拍子に腕同士がゴツンとぶつかってしまうこともある。そこで、狭い四人掛けのテーブルで隣り合うときや、カウンターでお酒を飲むときは、利き手を意識して座ってみよう。互いに動作がラクになるものだ。

出されたお茶を飲む一番いいタイミング

さっきお茶を飲んだばかりなのに、訪問先でまたお茶を出されたとする。営業先をあちこち回っているときなどよくあることだ。このようなシーンで、あまり喉が渇いていないのに「どうぞ、温かいうちに」あるいは「どうぞ、冷たいうちに」とお茶をすすめられたら、あなたはどうするか？

①遠慮なくすぐに飲む。

②のどが渇くまで待って飲む。

③飲みたくないのでちょっとだけ飲む。あるいは飲まない。

このうち、気配りできる人は①のようにするだろう。

なぜなら、相手の気配りにはすぐ応えることが気配りだからだ。

普段、出されれば当たり前のように飲んでいるお茶だが、日本茶にしろコーヒーにしろ、出て来るまでの経緯を想像してみると、先方のたくさんの気配りが見えてくる。

たとえば、熱いお茶を美味しく入れるためにカップを温めておく。

お客さん用の質のいいお茶を厳選する。

カップを厳選する……。すべてやっていなかったとしても、お茶を美味しく入れるためには、それなりの手間をかけているものだ。もしカップを温めてからお茶を入れてくれた場合、冷えてから飲めばその手間は無駄になってしまう。逆に、冷たくして出してくれた飲み物は時間がたつと氷もとけて味が薄まってしまう。だから、こちらは「温かいうちに（冷たいうちに）どうぞ」の言葉にきちんと応え、できるだけ美味しいうち、香りのいいうちに飲むようにする。

お茶を入れる方の立場に立ってみれば、お客さんがお茶を美味しそうに飲んでくれるのが何よりうれしい。「ああ、美味しい！」「美味しいお茶ですね」などと感想を述べてくれたら、もっとうれしい。逆に、飲んでくれないと「口に合わないのだろうか？」とちょっと不安になることもあるだろう。つまり、遠慮してなかなかお茶を飲まないというのは、実は気配りに欠ける行為と言えるのだ。

そこで、のどの渇き具合がどうあれ、**お茶をすすめられたらすぐに飲む、出されたお菓子も遠慮なくいただく。**最後に、**「美味しかった」＋「ありがとう」の気持ちを言葉で表現すれば、**お互いに気分爽快。訪問先では、「喜んでもらえてよかった」と相手に思ってもらえるよう、常に心がけたい。

Step6
相手を引き込む「電話・メール・ケータイ」の気配り

聞かれた道順を電話でわかりやすく答えるための三つのポイント

目的地への道順がわからず、ウロウロすることがある。

行く先のお店や会社に電話して尋ねた場合、「○○駅南口改札を出てすぐ、目の前にあるパチンコ屋の隣りです」という単純明快な答えが返って来たらラッキー。しかし、徒歩数分の場所だと「○○通り二つ目の信号を左折して、すぐ右に曲がって、3本目の路地を右……」というように、説明も複雑になっていく。

頭を混乱させるワースト要因は、「右折と左折」、そして「数字」や「長いビルの名前」。また、「駅を出て北に向かって進んでください」のような説明もちょっと困る。改札の「北口」なら表示を見ればわかるが、慣れない場所だと北の方向がそもそもどっちだかわからない。

そこで、説明する側は気配りをする。

ここでは、最寄駅から携帯電話や公衆電話で道順を尋ねてきた人への説明の仕方で考えてみよう。詳しい地図など情報をほとんど持っていないことを前提にすると、説明のポイントは主に三つ。

①情報は最小限にし、目印は三つ程度にしぼり込む。

②情報の中に「色」を入れる

③「○メートル歩く」ではなく「徒歩○分」と言う

まず注目したいのが②。色の情報を入れるということ。

たとえば、「赤レンガの建物に沿って右

折してください」と言うのと、「○○社のビルに沿って右折してください」と言うのでは、どちらがわかりやすいだろうか？

誰でも知っているビルなら話は別だが、記憶しやすく、探しやすいのは、やはり「赤いレンガの建物」という説明の方。色で探せるというのは強みだ。そこで、赤や黄色など目立つ色のビルがなくても、できるだけ色を目印の一つにするといい。自社のビルについても、できるだけ「白い建物の3階です」と色の情報も伝えるようにする。他の目印は、もちろん○○銀行、コンビニの○○など、記憶しやすいものにかぎる。

できるだけ短く！

そして③。距離より時間で伝える。

「○○から○○メートルほど歩いてきてください」という説明はよくあるが、これだと正確でも目的地までの距離感がつかみづらい。緊急時の場合は、「○○分」といったほうがイメージしやすく親切だろう。

電話での説明は、極力短く、記憶しやすく、が鉄則。

もちろん、改札の何口を出るのか、地下鉄ならどの出口が適しているかを必ず伝える。右折や左折の数が多いときは、最後にまとめて「右、右、左の順です」と伝えるのもコツだ。

「右、左、左、赤レンガ、○分……」と最短で記憶させることができたら、説明者の気配りも本物。説明の最後には、「お気をつけてお越しください」の一言も忘れずに。

電話をかけていい時間、いけない時間

いつも、忙しい時間帯を見計らったように電話をかけてくる相手はいないだろうか？　たぶん、その人は、電話の印象だけで、ずいぶん損している。

電話をかけるタイミングについて考えてみると、取引先に電話をかけるときは、午前9時から午後5時までの間にかけるのがビジネスマナーとされている。

ランチタイムにどうしてもかけなければならないときは、「お休み時間中、恐れ入ります」の一言が欠かせない。つまり、就業時間に合わせて電話をかけるのが大人の基本マナーである。

ここからさらにステップアップ。気配りできる人は、**相手の忙しさを想定し、できるだけ余裕のある時間帯を選んでかける**だろう。

たとえば、一般のオフィスでは、始業してすぐの30分間、終業前の30分くらいは仕事が立てこみやすく、電話も多い時間帯。そこで、急用でないかぎりはこれらの時間帯は避けるようにする。

さらに、気配り上級者は曜日とも相談しながら電話をかける。

曜日の中でも特に気をつけたいのが週の初めの月曜日の午前中だ。

オフィスで働く人は経験済みだと思うが、この時間帯は、1週間の中でもとりわけ業務が集中しやすく、電話をかけたり、かかってくる確率も高くなる。急いで連絡を取りたい人たちから、待ちかねたように一斉に電話がかかってきたり、自分もあちこちに電話をかける用事があったりで、混乱しやすい。

いざ電話は通じても、「これから外出する予定がありますので、こちらからかけ直します」「申し訳ありませんが、10時から会議が始まりますので……」などの反応になりやすく、互いに二度手間になってしまう。

そこで、急用以外は月曜午前中の電話は避け、午後になってからゆっくりかける方が親切になる。

もちろん、これは一般論。職種によっては、忙しい時間帯や曜日も変わるため、相手に応じて、「いつが忙しいか」を常に想定しながら電話をかけるようにしたい。旅館やホテルに予約の電話を入れるときは、慌しいチェックインやチェックアウトの時間を避け、正午から午後3時くらいの間にかけるのが気配り上手といえるだろう。

言葉に気持ちを込めるためのちょっとしたコツ

「いつもお世話になっております」「毎度ありがとうございます」

と電話をしながらペコペコおじぎをする人がよくいる。営業マンなどに多いが、その姿を見て、あなたはどう思うか。

「見えもしないのに、ペコペコしてアホな

奴だなぁ」と冷ややかな視線を送る人もいるが、これは決してアホな態度ではない。

声は思った以上に正直である。実際に姿は見えなくても、電話線は声を通じて互いの姿を正直に伝える。そこで、一生懸命おじぎをして誠実に対応すれば、相手にもそれが伝わるのだ。

言葉に気持ちを込めると、それにふさわしい行動、しぐさが伴うことは、心理学で「セルフ・シンクロニー（自己同調行動）」ともいわれている。

もし、「見えないからいいや」とばかりに、ふんぞり返ったり、足を投げ出したり、受話器を肩とアゴではさんだり、と見た目に横柄な態度で電話をすれば、相手にそれが伝わる。声がふんぞり返ってしまうからだ。

あるいは、徹夜明けのぼさぼさ頭、シャツもはだけたような格好で電話をすれば、そのだらけた感じが相手に伝わる。姿は見えなくてもそのだら～んとした「気配」が届けられてしまうのだ。

その人の心の状態、態度、表情、声のトーンなどはすべて連動しているため、姿勢が横柄ならば、声のトーンも自然とそうなり、だらけた格好でいれば、声のトーンもそうなってしまう。決して不思議なことではない。

物理的に考えてもわかる通り、姿勢がくずれれば声もくずれる。頭の位置が下がれば、声はくもる。

背筋をピンと伸ばして正しい姿勢で話をするのと、ソファーに寝転んだ状態で話をするのを比較した場合、後者は前者よりも声がこもって聞き取りにくくなるものである。

電話というのは、会話だけで意志を伝え合うぶん、直接合って話をする以上に正しく伝え、正しく聞くことが難しい。そこで、ビジネスにおいては、電話におじぎをするくらい集中し、真剣になるくらいが好ましい。

おじぎをする、しないが問題なのではなく、その気構えが大切なのだ。

姿が見えないからこそ姿勢を正し、身なりを整えてから電話に向かう。

こうした見えない気配りは必ず相手に伝わり、誠実で感じのいい人、仕事熱心で信頼できる人、という印象を刻むだろう。当然のことながらその印象は仕事にも好循環をもたらす。

電話をするときの「声」と「表情」の意外な関係

「電話の声」と「心」との深い関わりについても注目してみよう。

私たちは、電話の声を通じて、相手の心身の状態を推し量り、

「元気そうだね。いいことあった?」

「あっ、今仕事忙しい?」

「あれ～、ちょっと元気ないんじゃない?」

と、明るい気分や慌しい気分、落ち込んだ気分などを察するものだ。

心と体は表裏一体なので、体の状態がすぐれなければ心もダウンし、それが声にあらわれる。

さて、オフィスでは、電話に出た人の第一声で、「感じがよい・悪い」という印象

が決まる。

言うまでもなく、感じがよいのは明るくハキハキした声。その声を聞けば、心が共鳴して相手も気分がよくなる。愛想のない感じの悪い声を聞けば、電話を切ったあとまで不快感がしばらく残り、その会社のイメージさえ悪くなってしまう。

電話の第一声の役割はそれほど重要。そこで、**電話応対する際には、意識的に明るい気分を維持する**という気配りも必要になってくる。

これは、世界でも一流と評されるホテルの予約センターの事例だが、お客さんの電話を受けるオペレーターは、常に小さな鏡を近くに置いておくそうだ。

鏡を置く理由は、自分の笑顔チェックをするため。目の前にお客さんがいるのと同様の笑顔で応対するためだ。

「顔が見えないのにそこまでやるのか?」と思うかもしれないが、**表情の明るさ、暗さは、てきめんに声に反映される**。そして、感じのいい表情で電話に出ることの効用を接客のプロはいちばんよく知っている。

不思議なもので、たとえ気分が落ち込んでいるときでも、とりあえず笑顔を作ると心にもそれが伝わり、気分が晴れたり免疫力が上がったりするのだという。科学的にも実証されていることだから、形から入るのは正しいといえる。

意識的に笑顔になれば、心が晴れ、声も晴れやかになる。その波長が相手にも伝わる。タダの笑顔は気配りに欠かせないツールなのである。

間違い電話でも、不機嫌な対応をしないほうがいいワケ

電話の対応から「本当に気配りできる人かどうか」を簡単に見極めるコツがある。間違い電話がかかってきたとき、どう出るかだ。

みなさんの周りに、間違い電話を受けたとき、ひどくつっけんどんな対応になる人はいないだろうか？

「違います」……ガチャン！

「どちらにおかけですか⁉」……ガチャン！　そして「この忙しいときに」と舌打ち。

普段、電話に向かってペコペコとおじぎをするような人が、こんなふうに豹変することもあるから、驚く。その場合、普段の丁寧な対応は、見せかけの気配り、相手を選んでしていた気配りだということがわかる。

本当に気配りできる人は、電話の相手を選ばず、丁寧に対応するだろう。たとえ、

「上寿司二人前お願いします」

「隣りの佐藤ですけど……」

といった、すっとんきょうな電話が会社にかかってきたとしても、上寿司を頼んだ人や、お隣りの佐藤さんなる人に、悪気はない。「ウチは寿司屋じゃありませんよ」などと怒らないで、

「おそれいりますが、番号をお間違えのようです」

と、きちんとした対応を心がける。それが、会社仲間をはじめ周囲にいる人への気配りにもなる。なぜなら、間違い電話に腹

を立てると、電話の相手だけでなく、その対応を現場で目撃した人々をも不快にしてしまうからだ。また、不機嫌に対応すると、会社の評判を落すことにもなりかねないため、いつでもどこでも感じよく、が原則。

逆に、うっかり間違い電話をかけてしまったら、あわててガチャンと切らない気配りも必要。

「顔が見えないし、会うこともないから、いいや……」ではなく、相手が不快な思いをしないように配慮する。

かけてしまったら、潔く、

「大変失礼いたしました。番号を間違えてしまいました」

とお詫びの言葉を一言。これで、間違い電話を受けた相手も一瞬にして気分が晴れるだろう。

なぜかメールで相手を怒らせてしまう人の共通点とは?

デザイン会社に勤務するT氏は、先日、メールのやり取りをしている最中にとんでもない失敗をやらかしてしまった。

徹夜明け。仕事はうまくはかどらないし、彼女とは会えないしで、誰かにグチを聞いてもらいたい心境になっていた。それで、仕事仲間のS氏にグチメールを送った、つもりだった……。

「K氏のおかげで、3日間も徹夜。K氏にはホント泣かされっぱなし。何とかもっと仕事を早く片付けてもらえないだろうか?こっちの体がたまんない……」

といった内容のメールだ。ところが、S氏に送るはずのメールを、グチの原因となった張本人K氏にうっかり送信してしまったのだ。

K氏というのは、最近よく仕事をする編集関係者。人柄はよいのだが、ちょっと時間にルーズで、仕事もスローモー。そのしわ寄せがいつもT氏にまわってくるために、不満が募っていたのだ。しかし、K氏のグチをK氏に送っては洒落にならない。

「マズイ!」

そう思ったときは手遅れ。送ったメールは、キャンセルできない。

結局、T氏はK氏に平謝りに謝り、何とか人間関係は破綻せずに済んだが、以降、新規作成のメールの作成手順を次にように変えたという。

「本文→件名→宛先」

こうすると、送信ミスを高い確率で回避できるからだ。

T氏もそうだったように、多くの人は、新規のメールを書くとき、

「宛先→件名→本文」

の順にしているのではないだろうか。つまり、マニュアル通り、上から順に書いていく。しかし、この順番だと、本文を書いている途中で誤って送信してしまったり、T氏のように、宛先を間違えるというミスも生じやすくなる。

たぶんT氏は、K氏への不満をためたピークでグチメールを書こうとしたため、つられて宛先をK氏本人に指定してしまったのだろう。一瞬、魔がさしたわけで、そのまま確認せず送信したのもいけなかった。

メールの作成手順を逆にした場合、宛先の入力は最後になる。つまりその段階では

すでに本文が出来上がっているため、宛先入力も慎重になるだろう。また、本文が先だと、その内容により適した件名を入力できるというメリットもある。

件名をわかりやすくし、しかも送信ミスの少ない書き方をすることは、結果的にメール受信者を不快にさせないための気配りと言えるだろう。

受信する側にしてみれば、失敗メールは迷惑でしかない。

K氏のように、自分のグチメールが届けられたとしたら、どうか？　不快な気分を通り越して、えらく傷ついてしまうだろう。

だからメールを書くときは本文が先で、宛先があと。この作成手順の効果はなかなかのもの。さらに、送信する前に、もう一度本文、件名、宛先をチェックする習慣を身に付ければ、パーフェクト。

メールの分量は、相手に合わせていくといい理由

「○○さん、最近どうしてるかな？」

と、久しぶりの人に連絡を取りたくなったときも、メールはとても便利なツールだ。

そんなときは、「お元気ですか？　最近はどうしてますか？　こちらは今○○をしたり××をしたりして、過ごしてます……」

のように、まずは自分の近況報告をちょっと長めに綴る人が多いだろう。あとは返信メールを楽しみに待つ。

ところが、いざ楽しみに待った返信メールが届き、開封したところ、

「元気にしてます。ご心配なく」

という程度のごく短い文面だったとした

ら？

たぶん「ちょっと期待はずれ」だと感じる人が多いのではないだろうか。

人の心理としては当然のことで、会話するにしてもメールのやり取りをするにしても、人間はフィフティ・フィフティを好む。「パワー・バランス」という心理学用語がある通り、どちらか一方にバランスが偏りすぎると、あまり快い気分になれないものなのだ。

パワー・バランスがくずれて不快になることは、日常的にもよくある。

相手ばかりしゃべりすぎると「たいくつだなぁ」と感じ、相手がほとんどしゃべらないと「いったい何考えてるのかな？」と不安になる。

メールの場合も、会話と同じ。長いメールに対してとても短いメール、短いメールに対しとても長いメールが来たら違和感を覚える。**文字量もフィフティ・フィフティがベストバランス。**そこで、メールが来たら、同じくらいの文字量で返信メールを書くのが送る側の気配りということになる。

相手のメールが４００字程度なら自分も４００字程度、相手のメールがほんの20字程度なら、自分も20字程度を目安にすれば、相手が不足を感じることはないだろう。

逆に、送信する側は、返信する側の時間のロスを考えてメールの分量をほどほどにするという気配りもしたい。相手が気配りできる人であれば、あなたが長いメールを送ったとき長めの返信メールを書いてバランスを取るだろう。となれば、そのぶん相手の時間を奪うことになるため、送るメールはほどほどの長さにした方がいいのだ。

　いくらでも話をしたい間柄なら長文を送ってかまわないが、そうでない場合は、いきなり大量メールを送りつけるのはタブーである。

　ビジネスメールなら、あくまでシンプルに。プライベートのメールなら、普段の相手のメールの長さとも相談しながら、読み手に負担を感じさせない程度の文字量を心がけたい。長くてもまずは10行程度が適量だろう。

すぐにメールを返信できなくても、相手をイライラさせないワザ

　メールを送ったとき、来るはずの返事がなかなか来ないと送った方は気になるものだ。

「お暇なときにお返事ください」

「返事はいつでもいいよ」

などと書いていても、本当に返事が来ないと頭の隅で「まだかな」と思ってしまう。

　メールの送り手と受け手の間には、意識のズレが生じることがあり、こちらが重要なメッセージを送ったつもりでも、相手はさして重要と思わない、ということもあり得る。

　すると、待つ方はアレコレ考えてしまうことになる。

「忙しいのかな?」「今、出張中?」「風邪でもひいて休んでいるのだろうか?」

　返事が来ないまま数日間が経過すると、「実は、ちゃんと届いてないのでは?」「何かあったのかな? ひょっとして事故!?」と悲観的になったり、「まったくあいつは

性格がルーズだから」、「メールが届いたかどうかだけでも知らせてくれればいいのに……」とイライラを募らせてしまったりする。

電話で確認すれば話は早いが、メールの返事はメールでしばらく待つという人が多いだろう。

人の性格は１００人１００様なので、気にしない人はまったく気にしないが、気にする人はする。そのへんの温度差があることは常に意識してメールとお付き合いしたい。

待つ方の心情を思えば、**来たメールには、できるだけ早く返信する**ことが第一の気配りだろう。たとえ、親しい間柄であってもだ。

では、手が離せず即レスポンスできないときはどうするか。

その場合、特に返信メールの文面が長くなりそうなとき、あるいは熟考してから書く必要があるときなどは、**とりあえず受信の確認と詳しいメールをいつ頃送れるかだけでも送信しておく**。

ビジネスメールなら、

「メールを受け取りました。詳しいお返事は、〇〇日の××時頃までに必ずさしあげますので、よろしくお願いいたします」

プライベートなら、

「ごめん、今ちょっと忙しいからあとでゆっくり返事送るね」

というように。これだけでも、相手の不安やイライラは解消され、あとでゆっくり返信すれば大丈夫、ということになるのである。

「お礼メール」で相手の心を簡単につかむ心得

どんな返信メールにしろ、メールを送ってすぐに何らかのレスポンスがあると、「おっ、早いな」「さすが！」と思い、相手の顔まで浮かんできて素直にうれしくなる。そして、相手に好感を持つ。自分が送ったメールの返信を優先的に考えてくれたのだから、嫌な印象を持つはずもない。

さて、メールの速さで好感を持ったならば、今度は、あなたが相手に気配りする番。そのうれしい気持ち、感謝の気持ちを、素早く伝えよう。つまり、お礼メールを送るのだ。もちろん、その**お礼メールも、素早く送ることが鉄則。**素早く返信メールをくれた相手に、「せっかく早く送ったのに張り合いがないなぁ」と思わせてはいけない。

お礼メールは、

「さっそくのお返事、ありがとうございました。○○さんの決定を受けて、関係各所にメールしました」

のように書き、おかげ様でスムーズにいったことを伝える。あるいは、

「早速のお返事ありがとう」の気持ちを、多少オーバーぎみに「感動」「感謝」などの言葉を使って表現してみるのもいいだろう。

「ご多忙中にもかかわらず、とても早くお返事をいただけたので、思わず感動してしまいました……」

「早速のお返事ありがとう！　○○さんが、すぐ近くにいるようで、うれしくなりました」というように。

メールの場合、普段の会話よりちょっと オーバーぎみくらいの表現がちょうどいい。

すると、今度は相手がうれしくなったり、感動する番。

素早いメール返信に、素早い返信のお礼メールで、お互い機嫌よくなれそうだ。

「返事はいいよ」で、返信者の心を軽くする

メールのやり取りをするうち、いつどちらから終了するべきか、と迷ったことはないだろうか。

気が付けば「Re：Re：Re……」と返信メールが繰り返されている。その回数が多くなるほど自分から終了しにくくなるものだ。たとえば、新米サラリーマンA君が、仕事の打ちあわせ日時の確認メールを先方に送り、

「予定通り、○月×日の午後2時に○○ホテルのロビーでお待ちしております」

という返信メールを受け取ったとしよう。あとは、返信メールを受け取った確認のメールを送れば、普通、メールのやり取りは終わり。ところが、予定外の返信メールが来ることもある。

たとえば、相手から、

「お返事ありがとうございます。それでは当日よろしくお願いいたします」

このような再度の返信メールが来たら、A君のような新米はふと悩む。「このままにしたら失礼だろうか？」と。特に相手が大事な顧客や年配の方だとなおさら気を使い、結果的にメール合戦が繰り返されてしまうことがある。

あるいは、友達同士のたわいのないメール合戦でも、自分から終了しにくくなり、意地になって返信してしまうこともあるだろう。

こうした事態を回避するのは、

「返信不要」

「返事はいいよ」

「今日はこのへんで、おやすみ」

など、**たった一言を最後につけ加える気配り**。つまり、**自分から〝終了宣言〟をして、相手の負担を軽くする**のだ。この一言があれば、相手も心置きなくメールを終了することができるし、返信メールを送らなくても、失礼にあたることもない。

気を回しすぎて意味のない返信を繰り返すのはやめ、互いの時間を無駄にしないための気配りもしたい。

ビジネスメールで、親近感を出すには「P. S.」を使う

ビジネスメールは、できるだけすっきり簡潔にが原則だが、あまりにビジネスライクのメールもちょっと味気ない。

そこで、「P. S.」＝「postscriptum（追伸）」でちょっと心を添える気配り。

「P. S.」というのはとても便利なマークで、皆さんもメールや手紙でしょっちゅう使用しているはず。

「P. S. もうごはん食べた?」

「P. S. ○○と連絡とれた?」

というように。言い足りないことがあったとき、無意識のうちに使用しているが、気配り名人はこのP. S. の使用法をちゃんと心得ている。

ビジネスメールにおいても、P.S.を効果的に使い、仕事モードになっている相手をほっとなごませるのだ。

とりわけ、まだそんなに親しくはないけれど、仕事関係のやり取りだけでは物足りないくらいの間柄では、メールの結びの一言が活きてくる。たとえば、絵の好きな人なら、

「P.S.近代美術館でムンクの個展やってますね」

水槽で淡水魚を飼う趣味がある人なら、

「P.S.小川にめだかが目に付く季節になりましたね」

つまり、さりげなく、相手のプライベートな領域、好きな世界にちょっとだけ入り込む。すると、相手は「へ～っ、オレの趣味覚えててくれたんだ」とうれしくなり、互いの心がちょっと近づく。

気のきいた言葉が浮かばなければ、

「P.S.季節の変わり目ですが、お体には気をつけてください」

のような体を気遣う一言でもいいだろう。

P.S.の前は、あくまで仕事関連の要件のみに撤し、P.S.以降に仕事を離れた顔をちらりと覗かせるところが気配りのポイント。

「親近効果」といって、文章の最後に出て来る言葉は最も印象に残りやすいため、短くても余韻が残る感じのいいメールに仕上がるだろう。

携帯電話にかけてもいい相手、いけない相手

最近の名刺には、たいてい携帯電話の番

号が記されている。

名刺に書いてあるのだから、名刺交換したあとで相手の携帯電話にかけることはマナー違反にはならない。

とはいえ、いきなりかけるのはどうだろうか?

たとえば、営業マンのT氏の場合、オフィスにいても携帯電話に仕事の電話が入ることがよくあるという。

そんなときは、

「まずオフィスの電話にかけてくれないかなぁ」

と思うそうだ。

「外回りが多いからしかたないことですが、名刺交換したばかりの人からいきなり〝まず携帯〟にかかってくると、あまりいい気はしません」

と言う。

皆さんは、オフィスの電話と携帯電話のどちらを優先してかけることが多いだろうか?

たぶん、ビジネスの電話であれば、多くはまずオフィスの電話にかけるだろう。ただし、少数派として「まず携帯」にかける人も確かにいる。

その少数派の電話を受けた側は、ちょっと馴れ馴れしい感じを覚えたり、外出中に度々鳴らされればうっとうしく感じるのではないだろうか。

相手にそんな不快な思いをさせないためにはどうしたらいいか?

これはT氏も証言することだが、最初の名刺交換のときなどに、

「どちらに電話すればよろしいですか?」

「携帯電話の方にもかけてよろしいですか？」

と、確認しておけば確実。すると相手は、「緊急時以外は、オフィスの電話の方にお願いします」

「営業なので携帯の方がつかまりやすいです。留守番電話になっていることも多いですが、できるだけ早めに折り返しますので……」

などのように、自分にとっていちばん都合のいい連絡法が説明でき、気配りのない携帯攻撃にイライラすることもなくなるだろう。

いずれにしても、**相手の状況を常に想定しながら、やたらと鳴らさない**ことが携帯マナーの基本である。

携帯電話で人間関係が悪化してしまうケース

携帯電話がらみで「ムカついた」という話はよく耳にするものだ。

電車の中で大声で電話している奴にムカつく。電話しながら歩いて人にぶつかる奴にムカつく……。

これらは、通りすがりの出来事なので、相手から離れれば怒りもすぐおさまるが、一緒にいる誰かが携帯マナーを知らないと、怒りはさらに拡大していく。

ある女性誌に、

「私と食事しているときや、買い物中に平気でメールする友人には本当にムカつく」

といったコメントが載っていた。

同様のムカつきを体験している人は多い

のではないだろうか。

　楽しく食事をしてる最中に、やたら携帯電話を取り出して何度も何度もメールチェックをする人。

　人と一緒にいても電話が鳴ると平気で出て話し始め、しかもなかなか切らない人。

　メールが来たら、ところ構わず返信メールを送り、その時間がえらく長い人……。

　こうなったとき、取り残された方が、「自分の存在って何だ?」「ケータイが（あるいはケータイの相手が）そんなに大事なのか!?」と思ったとしても不思議はない。

　人は誰だって自分のことを大事にしてもらいたいのだ。

　相手にこんな淋しい思いをさせないためには、誰かと一緒にいるときは携帯の存在を気にしすぎないよう心がけたい。


　中には〝ケータイ依存症〟のように常に携帯を握りしめている人もいるが、**携帯と仲良くしすぎるほど、今そこにいる人との人間関係は冷える**ということを理解しておこう。

　一緒にいるときどうしてもメールをする必要があれば、「ちょっと急ぎだから」と一言断わってから始める。あるいは、携帯が鳴って出る必要があれば、「ちょっといいかな?」と断わってから出る。長くなりそうなら、「今、手が離せないから、あとでかけ直します」と、急用以外のときは、素早く切るようにする。

　こうすれば、待たされた方が不快な気分を味わうこともない。むしろ、「自分のことを大切に思ってくれたんだ」と、あなたに好印象を持つだろう。

●参考文献

『「気くばり」のできる人　へたな人』（伊吹卓著／講談社）／『好感度アップ！　速効ビジネスマナー』（古谷治子著／日本実業出版社）／『気くばりのツボ』（山崎拓巳著／サンクチュアリ・パブリッシング）／『ウケまくる！技術』（中島孝志著／廣済堂出版）／『あなたを美しく見せる大人のマナー』（山口勝著／KKベストセラーズ）／『「できる人」の話し方&コミュニケーション術』（箱田忠昭著／フォレスト出版）／『「できる人」の聞き方&質問テクニック』（箱田忠昭著／フォレスト出版）／『仕事で「気がきく女」になれる本』（浦野啓子著／PHP研究所）／『「気がきく女」になれる50のルール』（浦野啓子著／PHP研究所）／『心を打つ　ちょっとした気の使い方93』（山崎武也著／三笠書房）／『なぜか「感じのいい女性」38のルール』（赤羽建美著／三笠書房）／『接客上手になる本』（永崎一則著／PHP研究所）／『あげる常識　もらう常識』（今井登茂子著／河出書房新社）／『他人と差がつく　気のきいた贈り方の技術』（今井登茂子著／明日香出版社）／『「品のいい大人」になれる55のマナー』（永崎一則著／PHP研究所）／『電話王の話す技術・聞く技術』（斎藤ますみ著／太陽企画出版）／『あなたの魅力を3倍引き出すマナー術』（志麻かの子著／三水社）／『20代オフィスレディの思いやりマナー』（原加賀子著／大和出版）／『日本人のビミョーなマナー』（鈴木あつこ著／PHP研究所）／『プロフェッショナルの自分カイゼン力』（西松眞子著／インデックス・コミュニケーションズ）／『藤巻幸夫のつかみ。瞬時に相手の心をつかむ会話のコツ』（藤巻幸夫著／実業之日本社）／『大人の養成講座［PB版］』（文・石原壮一郎、絵・ひさうちみちお／扶桑社）／『心をつかむメール術』（内藤誼人著／PHP研究所）／『ことば美人のプチ・テクニック』（杉山美奈子著／KKベストセラーズ）／『覚えて使う　心理学的に正しい「この一言」』（渋谷昌三著／東洋経済新報社）／『心をつかむ心理学』（渋谷昌三著／三笠書房）／『ここが違う！　一流ホテルマンの条件』（二見道夫著／実務教育出版）／『部下の哲学　成功するビジネスマン20の要諦』（江口克彦著／PHP研究所）／『こんなことも知らないの？　大人のマナー常識513』（幸運社編／PHP研究所）／『「できる人」の話し方』（梶原しげる監修／成美堂出版）／『気がきく社員50のルール』（今井繁之著／三笠書房）／『「気がきく女性」55の秘訣』（里中李生著／三笠書房）／『なぜか「感じのいい人」の気くばりの本』（山崎武也著／三笠書房）／『「大人の女」のマナー』（中谷彰宏著／PHP研究所）／『男の「外見」コーチング』（三好凛佳著／PHP研究所）／『リッツ・カールトンが大切にする　サービスを超える瞬間』（高野登著／かんき出版）／『帝国ホテル　伝統のおもてなし』（川名幸夫著、帝国ホテルホテル事業統括部監修／日本能率協会マネジメントセンター）／『バカほど大物になる』（井上暉堂著／日新報道）／『心理戦の勝者　歴史が教える65の絶対法則』（内藤誼人、伊東明著／講談社）／『図解　マナー以前の社会人常識』（岩下宣子著／講談社）／『ChouChou』／『CLASSY』／『an an』／『CREA』／『THE21』／『caz』／『Oz magazine』／『BIG tomorrow』ほか、関連のホームページを参考にさせていただきました。

編者紹介

知的生活追跡班
忙しい現代人としては、必要な情報だけすぐ欲しい、タメになることだけ知りたい、と思うもの。けれど実際、世の中そう簡単にはいかない……。そんなニーズに応えるべく結成された。あらゆる最新情報の肝心なところだけを、即座にお届けするのを使命としている。
本書では、オフィスからプライベートまであらゆる対人関係に効く「気配り」のポイントを徹底コーチ。「空気」を読むのがコワいほどうまくなるワンランク上の㊙マニュアル！

「気配《きくば》り王《おう》」になる！

2006年11月10日　第１刷
2014年７月10日　第５刷

編　者　知的生活追跡班《ちてきせいかつついせきはん》

発行者　小澤源太郎

責任編集　株式会社プライム涌光
電話　編集部　03(3203)2850

発行所　株式会社青春出版社
東京都新宿区若松町12番1号〒162-0056
振替番号　00190-7-98602
電話　営業部　03(3207)1916

印刷・図書印刷株式会社　製本・ナショナル製本

万一、落丁、乱丁がありました節は、お取りかえします

ISBN978-4-413-00858-7 C0070